1日1テーマ 30日でわかる 仏教

監修:井上純道
佐野百観音・台元寺住職

文響社

はじめに

仏教は軽やかに生きるためのヒント

　現代の日本においては、無宗教の人も多く、一つの宗教に特化して信仰する人は少ないと思います。お正月には神社に初詣に行き、結婚式には教会で賛美歌を歌い、お盆やお彼岸には墓参りに行き、クリスマスやハロウィーンは大いに盛り上がる。それらが神道、キリスト教、仏教に関連がある行事だとしても、意識することは少ないかもしれません。

　なかでも仏教といえば、おそらく「葬式」「お寺」「お経」という、故人の不幸や供養というイメージが強いのではないでしょうか。ですが、それ以外にも「鬼は外、福は内」の節分での豆まき、夏祭りでの盆踊り、大晦日の除夜の鐘など、仏教は日本人の日常生活に溶け込んでいます。多様な宗教行事を取り込む日本人ですが、文化の根本には、仏教が深く根づいているのです。

　仏教はほかの世界宗教とは違い、すべての宗派に共通の教科書（聖典）がありません。また、唯一の神様といえる絶対の存在もありません。だからこそ、2500年以上にわたり受け継がれ、古代インドを起源とした仏教と、現代の日本の仏

教とでは、まったく別の宗教といってもいいほどの違いがある。そんな変化と多様性に富んだ宗教が、仏教です。

　数ある宗教のなかで、仏教は心を豊かにする「心の栄養」だと私は思っています。仏教を開いた仏陀が目指したことは、心身を悩ませる「煩悩」から解き放たれ、悟りの境地へと至ることでした。仏教はまさに、悩み多い人生を軽やかに生きるヒントに満ちているのです。

　本書は、「仏教の歴史や教え、仏像などにふれたいけれど、専門的な書籍や解釈は難解すぎる」という方に向けた、入門書となっています。１カ月かけて読むことで、今までの日常とは違う視点から、仏教の全体像を味わっていただきたいと思います。

　変化と多様性に富んだ仏教という存在を、あまり難しく考えず身近に感じていただき、雑学としてでもよいので、心の中で少しだけ、毎日の生活が豊かで軽やかになる、そんな一助となることを願っています。

台元寺住職　井上純道

本書の読み方

より理解しやすくなるよう、本書の特徴を紹介します。

- ❶紹介する順番(何日目かを表しています)。
- ❷本文では紹介しきれなかったプチ情報です。

※難解な漢字などには振り仮名(ルビ)を入れていますが、そのルビとは別の読み方をする場合もあります。

主な仏教用語

知っているようで、じつはよく知らない仏教用語を紹介します。

用語	内容	用語	内容
開祖	宗教や学問の創始者のこと。開祖と区別して、宗派の創始者を「宗祖」ともいう。	帰依（きえ）	仏や、その教えに従い、拠り所とすること。
経（お経）	開祖である仏陀の教えをまとめたもので、聞くだけで利益があるとされるほか、先祖の供養でも唱えられる。	功徳（くどく）	仏教でいえば、善い行いをすること（善行）。善行によって自身が得られるとされる功能も功徳（くのう）という。
供養（くよう）	仏や死者の霊に対し、花や飲食物を供えることで尊敬の念を表したり、冥福を祈ったりすること。	寺院	仏像がまつられるとともに、僧侶が修行をする建物。位の高い僧侶をまつる寺院は「〇〇大師」という。
出家（しゅっけ）	世俗を離れ、僧侶となって仏門に入ること。僧侶の身から俗世にもどることを「還俗（げんぞく）」という。	信者	仏教でいえば、僧侶を除く信仰する人を信徒といい、信徒のほか僧侶を含むのが信者。
托鉢（たくはつ）	僧侶の修行の一種で、特定の場所に立って経を唱え、食べ物や金銭を鉢（はち）に受けること。	念仏	仏の菩薩の姿や徳を心中に思い浮かべたり、仏の名前を口にしたりすること。
彼岸（ひがん）	三途（さんず）の川の向こう岸（あの世）、悟りの地。それに対して、現世を此岸（しがん）という。	布施（ふせ）	本来は、自身の持ち物などを他者に施す行為だが、現在では僧侶への謝礼を意味する。進んで寺院や僧侶に寄付することを「喜捨（きしゃ）」という。
法会（ほうえ）	大勢の僧侶が集まり、人々に仏法を説くほか、追善供養が行われること。	法要	本来は追善供養を行うことだが、追善供養のための儀式である「法事」のこともまとめて、法要と呼ばれるようになっている。
本尊（ほんぞん）	寺院や仏壇でまつられるもののうち、最も信仰の対象とされる仏像など。脇侍（わきじ）と呼ばれる仏像や掛け軸が脇にある場合は「中尊（ちゅうぞん）」という。	冥界（めいかい）	仏教でいう、死後の世界（あの世）。「冥途（めいど）」や「冥土（めいど）」ともいう。
利益（りやく）	「りやく」と読み、信仰や修行などによって得られた恵みや幸せなどのこと。	葬儀	死者をしのび、成仏を願う儀式。本来は葬送儀礼であり、看取り（臨終）から年忌法要までを含む一連の行為を指す。

仏教の主な宗派

日本を含む世界に広がった、主要な宗派の変遷を紹介します。

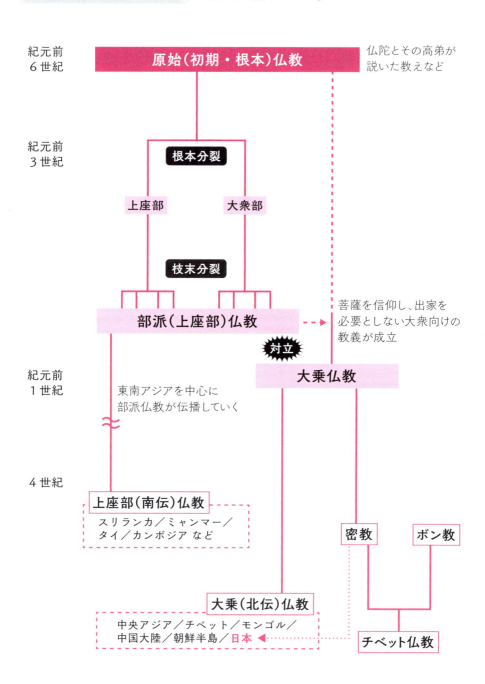

日本の主な宗派

日本国内における、主要な宗派の変遷を紹介します。

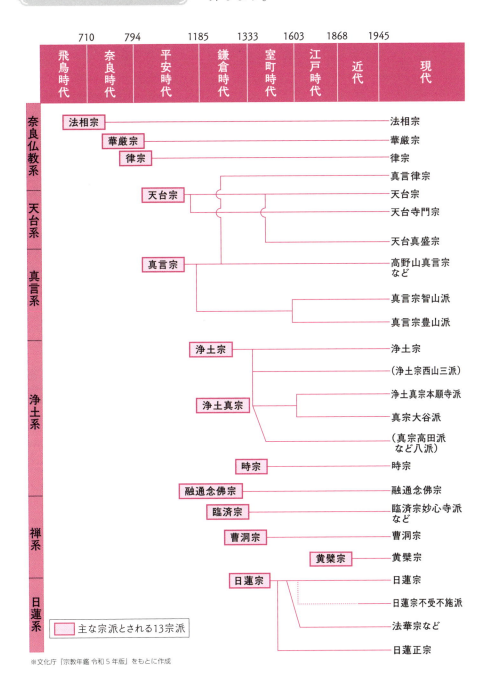

※文化庁『宗教年鑑 令和5年版』をもとに作成

宗派ごとの寺院数

※文化庁『宗教年鑑 令和5年版』をもとに作成

順位	宗派	寺院数	順位	宗派	寺院数
1	曹洞宗	14470	11	真言宗御室派	787
2	浄土真宗本願寺派	10078	12	真言宗醍醐派	784
3	真宗大谷派	8424	13	日蓮正宗	655
4	浄土宗	6856	14	真宗高田派	625
5	日蓮宗	4653	15	西山浄土宗	593
6	高野山真言宗	3564	16	真宗興正派	495
7	臨済宗妙心寺派	3325	17	黄檗宗	449
8	天台宗	3313	18	天台真盛宗	420
9	真言宗智山派	2894	19	時宗	411
10	真言宗豊山派	2635	20	法華宗（本門流）	402

都道府県別の寺院数

※文化庁『宗教年鑑 令和5年版』をもとに作成

順位（上位）	都道府県（寺院数）	順位（下位）	都道府県（寺院数）
1	愛知県（4532）	38	長崎県（736）
2	大阪府（3370）	39	秋田県（676）
3	兵庫県（3286）	40	徳島県（630）
4	滋賀県（3204）	41	岩手県（629）
5	京都府（3051）	42	鹿児島県（481）
6	千葉県（3001）	43	青森県（466）
7	東京都（2879）	43	鳥取県（466）
8	新潟県（2755）	45	高知県（366）
9	静岡県（2609）	46	宮崎県（347）
10	福岡県（2365）	47	沖縄県（88）

著名な寺院

	寺院（宗派）		寺院（宗派）
①	中尊寺（天台宗）	⑧	延暦寺（天台宗）
②	浅草寺（聖観音宗）	⑨	東寺（東寺真言宗）
③	長谷寺（浄土宗系）	⑩	清水寺（北法相宗）
④	平間寺（真言宗智山派）	⑪	鹿苑寺（臨済宗相国寺派）
⑤	新勝寺（真言宗智山派）	⑫	法隆寺（聖徳宗）
⑥	善光寺	⑬	東大寺（華厳宗）
⑦	永平寺（曹洞宗）	⑭	金剛峯寺（高野山真言宗）

※長野市の善光寺は無宗派

法人数・信者数

【法人数】

キリスト教系
4773法人

諸教
1万3266法人

神道系
8万4206法人

総数
17万8946法人

仏教系
7万6701法人

【信者数】

キリスト教系
126万2924人

諸教
700万4560人

神道系
8396万
4368人

総数
1億6299万
1299人

仏教系
7075万
9447人

※文化庁『宗教年鑑 令和5年版』をもとに作成

目次

はじめに	2
本書の読み方	4
主な仏教用語	5
仏教の主な宗派	6
日本の主な宗派	7
宗派ごとの寺院数／都道府県別の寺院数	8
著名な寺院／法人数・信者数	9

01日目 仏教において欠かせない根本の教え ……… 12

02日目 仏教の開祖である仏陀の生涯 ……… 16

03日目 キリスト教、イスラーム教と並ぶ世界三大宗教の一つ ……… 20

04日目 六道と浄土　仏教の世界観 ……… 24

05日目 数万種類を数える仏教の経典 ……… 28

06日目 アジア各地に広がった「上座部仏教」と「大乗仏教」……… 32

07日目 まだまだ知りたい仏教の素朴な疑問① ……… 36

08日目 日本の仏教史①仏教の伝来（飛鳥〜奈良時代）……… 40

09日目 日本の仏教史②仏教の発展（平安〜鎌倉時代）……… 44

10日目 日本の仏教史③仏教の定着（江戸〜明治時代以降）……… 48

11日目 海を渡り日本にやってきた有名な僧侶 ……… 52

12日目 日本の仏教の宗派①南都六宗・天台宗・真言宗 ……… 56

13日目 日本の仏教の宗派②浄土教系（融通念佛宗・浄土宗）…… 60

14日目 日本の仏教の宗派③浄土教系（浄土真宗・時宗）……… 64

15日目 日本の仏教の宗派④禅宗系（臨済宗・曹洞宗・黄檗宗） 68

16日目 日本の仏教の宗派⑤日蓮宗 72

17日目 まだまだ知りたい仏教の素朴な疑問② 76

18日目 七堂伽藍と呼ばれる寺院の主な建物群 80

19日目 寺院の1年と僧侶の1日 84

20日目 僧侶の婚姻と葬儀、そして金銭関係 86

21日目 仏の種類と仏像の見方 92

22日目 僧侶であるために欠かせない持ち物 96

23日目 仏壇の構成と多様な墓の形式 100

24日目 葬儀の流れと宗派ごとの作法 104

25日目 年忌法要と、お盆・お彼岸 108

26日目 アジア各地に残る仏教の世界遺産 112

27日目 日本各地にある由緒正しい寺院 116

28日目 日常に溶け込んだ仏教の用語 120

29日目 仏教にまつわる植物と動物 124

30日目 まだまだ知りたい仏教の素朴な疑問③ 128

仏教に関する年表 132
仏像の楽しみ方 134,135
主な参考文献 135

仏教において欠かせない根本の教え

私たちにとってごく身近な存在である仏教の、
最も基本的で重要な要素を知る。

インドで誕生した仏教

　仏教は今から2500年以上前、紀元前6世紀ごろのインドで誕生した宗教で、開祖は仏陀という人物である。

　仏教の目的をひと言でいえば、**悟りを開くことで輪廻から脱する**というものだ。「輪廻」とは、人間を含めたあらゆる生き物は死んだあと、別の生き物に生まれ変わり、それを永遠にくり返すという考え方だ。ただ、この輪廻というのは仏教独自のものではなく、仏教が成立する以前から、古代インドで広く信じられていた概念だ。

　ところで、「死んでも生まれ変わる」というと、永遠の命があるようで良い意味のように感じるかもしれない。だが、何度も生まれ変わるということは、何度も老いや病気、死といった苦しみを味わうということでもある。**それゆえ、輪廻から脱して二度と生まれ変わらない（解脱）というのが仏教の最大の目的となっているのだ。**

　仏教では、生き物が輪廻から抜け出せない原因を煩悩にあるとしている。「煩悩」とは、心身を悩ませたり、苦しめたりして、平静を奪う心の動きのことだ。一般的に煩悩の数は108あるとされており、大晦日に除夜の鐘を108回つくという風習は、その年に心に生まれた煩悩を消し去ろうという意味が込められている。しかし、煩悩の数は

108と決まっているわけではなく、数え方はさまざまだ。多いものでは、何万種類もの煩悩があるという説もある。

そして、**数多くの煩悩が発生する根本的な原因は３つある**と仏教では説いている。それは、❶貪欲（満足することを知らず、むさぼる心）、❷瞋恚（怒りや憎しみの心）、❸愚痴（物事を違った視点でとらえてしまう愚かな心）だ。これを「三毒」という。

一方、煩悩がない状態のことを「涅槃」（ニルヴァーナ）という。これが悟りを開いた状態であり、この境地に至れば、輪廻を脱することができるというのだ。

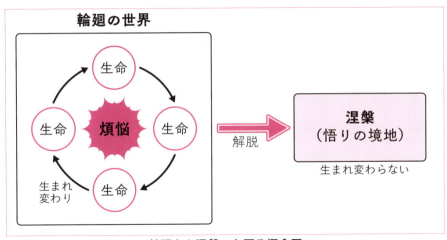

輪廻から涅槃へと至る概念図

🪷 根幹にある４つの教え

煩悩を消し去り、**涅槃に至るための仏教の基本的な教えは４つある**。これは「四法印」と呼ばれ、具体的には次ページの図のようなものだ。４つのうち、一切皆苦を除いた教えを三法印ということもある。

仏教では「四聖諦」という教えも大事にされている。これは、**仏陀が悟った４つの真理**という意味で、四法印と重なる部分もあるが、次

の4つとなる。

① 諸行無常	② 諸法無我
すべてのものは変化する	すべてのものに実体はない
③ 一切皆苦	④ 涅槃寂静
この世のすべては苦しみである	煩悩を消せば、穏やかな境地に至れる

四法印

① 苦諦	② 集諦
この世のすべては苦しみである	苦しみの原因は煩悩にある
③ 滅諦	④ 道諦
煩悩の消えたところに悟りがある	悟りを開くためには八正道を実践しなければならない

四聖諦

　このうち、②と①は原因と結果の関係にあり、④と③も原因と結果の関係にある。要するに、煩悩がある（②）から、この世のすべては苦しみとなり（①）、八正道を実践すれば（④）、悟りを開ける（③）ということだ。

🪷 信徒が守るべき規則

　四聖諦のなかに出てきた「八正道」というのは、**悟りを開くために必用とされる8つの正しい行動**のことである。この8つを実践し続ければ、やがて悟りを開くことができ、輪廻から脱することが可能になると仏教では説いている。

(1) 正見	正しく見ること	(5) 正命	正しい生活をすること
(2) 正思惟	正しく考えること	(6) 正精進	正しい努力を重ねること
(3) 正語	正しい言葉を話すこと	(7) 正念	正しい自覚をすること
(4) 正業	正しい行いをすること	(8) 正定	正しい瞑想をすること

八正道

ここまで見てきた四法印、四聖諦、八正道は宗派にもよるが、仏教の成立初期から現在に至るまで受け継がれている根本の教えである。

　最後に、ほとんどの宗教には戒律（守らなければならない規則）がある。仏教にもさまざまな戒律があり、数百もの戒律が定められている宗派もある。仏教の**信徒が守るべきとされている戒律は一般的には次の5つだ。**

　❶不殺生戒（生き物を故意に殺してはならない）、❷不偸盗戒（ものを盗んではいけない）、❸不邪淫戒（不道徳な性行為をしてはいけない）、❹不妄語戒（嘘をついてはいけない）、❺不飲酒戒（酒を飲んではいけない）。これらを「五戒」という。

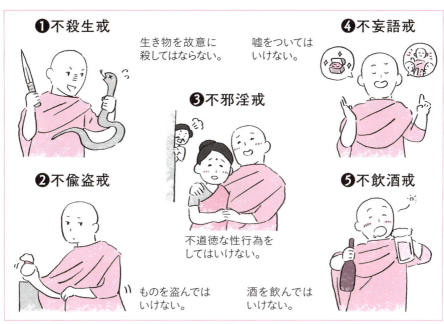

五戒

> **豆知識**
>
> 仏教以外にも、バラモン教や、その発展形ともいえるヒンドゥー教、ジャイナ教など、インドで成立した宗教の多くは「輪廻」という概念を共有している。

01日目　仏教において欠かせない根本の教え

仏教の開祖である仏陀の生涯

今から2500年以上前のインドで生まれた仏陀。
王族の地位を捨て、悟りを開くまでの足跡をたどる。

小国の王子として生まれる

　紀元前6世紀ごろ、仏陀はインド北部に存在した、現在のネパールにあたる**カピラヴァスツという小国の王子として生まれた**。ただ、生まれたときの呼称は仏陀ではなく、**ゴータマ・シッダールタ（ガウタマ・シッダールタ）という名だ**。また、カピラヴァスツを治めていたのは釈迦族という一族であり、その一族の出身であることから、**仏陀は釈迦と呼ばれることもある。**

　伝説では、仏陀は母親の右脇から生まれ出たといわれている。さらに、生まれてすぐに7歩歩き、右手を上に左手を下に向けて、「天上天下唯我独尊」（天の上にも下にも、自分より尊い者はいない）と唱えたとも言い伝えられている。

　仏陀は王族として何一つ不自由なく育ったが、しだいに生きることに悩むようになった。その悩みとは、**なぜ、あらゆる生き物は、老いや病気、そして死という苦痛から逃れられないのか**ということである。その苦痛を「輪廻」によって、何度も味わわなければならないということも仏陀を悩ませた。

　やがて仏陀は妃を迎え、子どもも生まれた。しかし、悩みは深まるばかりで、何をしても楽しめなくなってしまったという。

🪷 仏陀が4つの門で出会ったもの

　そんなある日、仏陀が城の東門から外に出ると、老人の姿が目に入った。仏陀は城に引き返し、今度は南門から出ようとした。すると、病気に苦しんでいる人の姿を見た。次に西門から出ようとしたが、そこで死者を目にする。最後に北門から出ようとすると、そこにいたのは静かに修行している人の姿だった。

　この4つの門からの景色を見た仏陀は、「老い」「病気」「死」という苦しみから逃れるためには、出家して修行の道に入るしかないと考える。そして、王族の地位や妻子を捨て、髪の毛を剃り落とすと、出家してしまった。この逸話を**「四門出遊」（または四門遊観）**という。

四門出遊

　出家した仏陀は、断食などの苦しい修行をしながら、「なぜ生き物は苦しまなければならないのか」「どうすればその苦しみから逃れられるのか」という疑問への答えを探した。しかし、死ぬような思いをして苦行を続けても、答えは得られなかった。

　6年後、仏陀はただ苦行を続けても無意味だと考えるようになり、菩提樹（125ページ参照）の下で心を穏やかにして瞑想をすることにした。そうして瞑想を始めてから8日目、仏陀は、**自分自身の心のあり方（状態）を把握することの重要性を確信。**ついに"悟り"を開く。悟りとは、サンスクリット語で「ボディ」といい、「真理を体得し、迷いを乗り

仏陀

越える」ことを意味する。このとき仏陀は35歳だったという。仏陀が菩提樹の下で悟りを得たのちに語った内容が、先に解説した「四聖諦」(13ページ参照)である。

⚘インド各地を歩いて教えを広める

釈迦族の王子であったゴータマ・シッダールタが仏陀と呼ばれるようになったのは、この悟りを開いて以降のことだ。**仏陀とは「目覚めた人」という意味の尊称である。**

ただ、仏陀という尊称は当時のインドで広く使われていたため、仏教とほぼ同時期にインドで成立するジャイナ教の開祖マハーヴィーラなども仏陀と呼ばれていた。もちろん、仏教において仏陀と呼ばれるのは、シッダールタただ1人である。**悟りを開いたあとのシッダールタは釈迦牟尼と呼ばれるようにもなる。これは「釈迦族の聖者」という意味だ。**

ところで、仏陀は悟りを開いた当初、自身が得た真理は人々に理解されないだろうと考え、自分のなかだけに、つまり心のうちにとどめておくつもりだったともいわれている。しかし、そこにブラフマー(梵天)という神が現れ、真理を人々に説くよう諭したため、仏陀は仕方なくそれを受け入れたという。

仏陀が真理を人々に説くようになると、最初に弟子となったのは苦行時代の仲間である5人の僧侶だった。その後、弟子は増えていき、やがて仏陀を中心とした教団が形成されていった。

一方、仏陀の教えは、あらゆる生命を平等であるとしたため、当時のインドの支配階級と結びついていたバラモン教の教えや、同じくバ

ラモン教にもとづくカースト制度（インドにおける身分制度）の否定につながり、弾圧を受けることもあった。だが、仏陀は生涯をかけてインド各地を歩いてまわり、教えを広めていった。

80歳のとき、仏陀は遊説先で死去した（入滅）。その際、「自灯明・法灯明」という言葉を残したと伝えられている。意味は、「仏陀という個人を神格化するのではなく、各人が自分自身と、私の教えの中身だけを拠り所としなさい」というものだ。

仏陀の死後、その教えは代々の弟子たちによってインド全土、さらにはアジアの各地域へと広まっていった。そして「仏教」として多くの人々の信仰を集めるようになっていくのである。

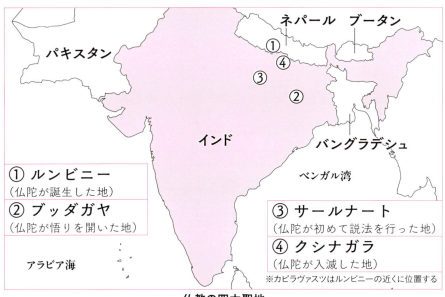

仏教の四大聖地

> 豆知識

仏陀の本名であるゴータマ・シッダールタのうち、ゴータマは「最上の牛」や「すぐれた牛」などを意味し、シッダールタは「目的を達した者」「願いが満たされた者」といった意味を持つ。

03
日目

キリスト教、イスラーム教と並ぶ
世界三大宗教の一つ

**仏教、キリスト教、イスラーム教は「世界三大宗教」と
呼ばれている。それぞれの教義や戒律を知る。**

信徒が一番多いのはキリスト教

　世界三大宗教に数えられる3つの宗教は、それぞれ歴史も長く、国や地域を超えて信徒が多いことから世界三大と称されている。開祖は、仏教が仏陀、キリスト教がイエス、イスラーム教がムハンマドである。

　成立した年代をくらべてみると、**最も古いのは紀元前6世紀ごろに成立した仏教だ。**次が1世紀中ごろに成立したキリスト教、最も新しいのが610年に成立したイスラーム教となる。仏教とイスラーム教では、成立年代は1000年以上も離れている。

　現在の信徒の数ではキリスト教が一番多く、約23億人いるとされている。世界の人口の約30％はキリスト教徒ということだ。次に多いのがイスラーム教徒（ムスリム）で、約16億人。これは、世界の人口の約20％となる。これらとくらべて、**仏教の信徒は約5億2000万人と少なく、世界の人口の7％程度にあたる。**

　ちなみに、ヒンドゥー教の信徒は約14億人いるとされ、数だけでいえば3番目に信徒の多い宗教ということになる。ただ、ヒンドゥー教は、ほぼインド国内だけで信仰されており、世界的な広がりがないため、世界三大宗教には含まれていない。また、歴史の長さでいうと、ユダヤ教は紀元前13世紀ごろに成立したと考えられているため、仏教、

キリスト教、イスラーム教よりも古くからある宗教だが、こちらもほぼユダヤ民族だけが信仰しているため、やはり世界三大宗教には含まれない。

　仏教、キリスト教、イスラーム教、それぞれ信徒の多い地域を見てみると、仏教は東アジア、東南アジア、南アジアに広まっている。ただ、仏教発祥の地であるインドでは8世紀以降、**ヒンドゥー教やイスラーム教が隆盛となったため、仏教徒の数は現在では極めて少ない。**

　キリスト教はヨーロッパ（ロシアを含む）、およびヨーロッパの植民地だった歴史を持つ北南米に広まっている。また、ナイジェリアやナミビアといったアフリカの国々や、東南アジアのフィリピンなどもヨーロッパの植民地だったことからキリスト教徒が多い。なお、アフリカのエチオピアもキリスト教徒が多いが、これは植民地とは関係なく、4世紀からキリスト教の信仰が根づいていた国だ。

　イスラーム教が広まっているのは、中東を含む西アジア、および中央アジア、南アジア、東南アジア、北アフリカである。イスラーム教徒のことをムスリムというが、とくに中東諸国は国民のほとんどがムスリムで、イスラーム教を国教と定める国もある。

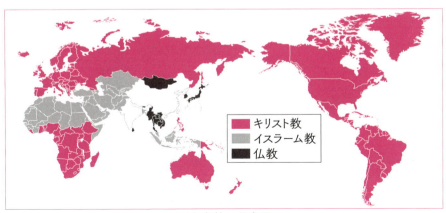

三大宗教の分布図

「一神教」と「多神教」

　仏教、キリスト教、イスラーム教を教義の面から見てみると、まず特徴的なのは、キリスト教徒とムスリムの信仰対象が単一の神という点だろう。これは、唯一絶対神と呼ばれる。そしてその神を、キリスト教ではヤハウェ、イスラーム教ではアッラーとそれぞれ呼称している。**名称こそ異なるが、じつはこれらは同一の神である。**

　一方、成立当初の仏教は、いわゆる"神様"のような超自然的な存在に重きを置いていなかった。それよりも、自身で真理を悟ることによって煩悩をなくし、輪廻から脱することを目的としていたのである。だが、時代を経るにつれ、阿弥陀如来や弥勒菩薩といったさまざまな"仏"が信仰の対象となっていったため、**仏教は多神論的宗教になったともいえる。**

　宗教の教義を記したものは聖典などと呼ばれるが、仏教において聖典にあたるのは、お経（経典）だ。**経典は何千もあるが、仏教では、どの経典が正しいとは位置づけられておらず、すべてに仏陀の教えが記されているとされる。**対して、キリスト教は旧約と新約によって構成されている『聖書』だけを聖典とし、イスラーム教では開祖ムハンマドが書き記した『クルアーン』だけを聖典としている。

　戒律の面では、仏教、キリスト教、イスラーム教はそれぞれ、かなり違う。**仏教で基本となるのは、五戒だ。**

　キリスト教に明確な戒律はないが、「神を愛する」ことと、「隣人を愛する」ことが重要であるとされている。ただ、その二つに準じるものとして、旧約聖書に記されている10の戒律は大事な規範となっている。宗派によって10の戒律の解釈は微妙に異なるが、カトリック

では「わたしのほかに神があってはならない」「あなたの神、主の名をみだりに唱えてはならない」「主の日を心にとどめ、これを聖とせよ」「あなたの父母を敬え」「殺してはならない」「姦淫してはならない」「盗んではならない」「隣人に関して偽証してはならない」「隣人の妻を欲してはならない」「隣人の財産を欲してはならない」の10となっている。これを十戒という。

イスラーム教では、神の像をつくってはいけないことや、1日5回礼拝をしなければならないといった信仰の面から、生活のあらゆる面、さらに刑法や民法にあたる面まで、戒律が定められている。

	仏教	キリスト教	イスラーム教
開祖	仏陀	イエス	ムハンマド
成立時期	紀元前6世紀ごろ	1世紀中ごろ	610年
成立地域	インド	イスラエル	アラビア半島
信仰(神)	無神論→多神論	唯一神(ヤハウェ)	唯一神(アッラー)
聖典	経典	旧約聖書 新約聖書	クルアーン (コーラン)
主な教義	四法印／四聖諦／ 八正道	三位一体	六信五行
礼拝施設	寺院	教会	モスク
主な宗派	大乗仏教 上座部仏教	カトリック プロテスタント	スンニ(スンナ)派 シーア派

三大宗教の比較

豆知識

2011年のインドの国勢調査によれば、同国の 79.8％をヒンドゥー教徒が占めている。ムスリムは 14.2％、キリスト教徒は 2.3％であり、仏教徒は 0.7％と、仏教の発祥国であるにもかかわらず、キリスト教徒のほうが多い。

03日目 キリスト教、イスラーム教と並ぶ世界三大宗教の一つ

六道と浄土
仏教の世界観

仏教においては、生き物は何度も生まれ変わるとされているが、
そのループから抜け出せる方法もあるという。

輪廻でめぐる６つの世界「六道」

　仏教では、あらゆる生き物は死んでも生まれ変わり、それが永遠に続くとしている。これを輪廻という。そして、生き物は生前の行いによって、死んだあと天道、人間道、阿修羅道、畜生道、餓鬼道、地獄道の６つの世界のどれかに生まれ変わるとされている。**この６つの世界は、「六道」という。**

　天道は天人と呼ばれる存在が住む世界で、天人たちは日々を楽しく過ごすことができるとされる。だが、その天人も死をまぬかれることはできず、死ぬときは苦しみ、さらに死後は六道のどれかにまた生まれ変わってしまう。

　人間道は、人間が住む世界のことだ。人間が誰しも、老いや病気、死といった苦しみを避けられないことはいうまでもない。阿修羅道は、阿修羅という戦いを好む鬼神たちが暮らす世界だ。この阿修羅道では、つねに争いが尽きないため、怒りと憎しみが絶えない。

　畜生道は、鳥や獣、虫などの暮らす世界で、理性的に考えることができず、原因もわからないまま苦しむことになる。餓鬼道は、餓鬼という腹がふくれた姿の鬼たちが暮らす世界で、いつも飢えと渇きに苦しんでいる。地獄道は、生前とくに悪いことをした者が落ちる世界で、

その罪を償うため、さまざまな責め苦を受けるとされている。

六道のうち、**天道、人間道、阿修羅道は「三善趣」と呼ばれ、生前に比較的善い行いをした者が死んだあとに生まれ落ちる世界とされる。一方、畜生道、餓鬼道、地獄道は「三悪趣」といい、生前に悪い行いをした者が生まれ落ちる世界だ。**ただ、阿修羅道を悪趣に含めて「四悪趣」とする説もある。

ともあれ、最も善い行いをした者は天道に行き、反対に最も悪い行いをした者は地獄道に行く。しかし、その天道でも輪廻の苦しみからは抜け出せないのだ。

六道

※上段左から、阿修羅道・天道・人間道
下段左から、畜生道・地獄道・餓鬼道

無数の責め苦を味わう「八大地獄」

ところで、仏教では地獄は8つの階層に分かれるとしている。これを「八大地獄」という。その8つの階層で構成された地獄には、上から、等活地獄、黒縄地獄、衆合地獄、叫喚地獄、大叫喚地獄、焦熱地獄、大焦熱地獄、阿鼻地獄（無間地獄）という名前がつけられている。そして、生前の罪が重い者ほど下層の地獄に落ち、よりきびしい罰を

八大地獄

受けることとなる。

　地獄での罰を具体的に見ていくと、等活地獄では、罪人同士が殺し合いをさせられ、また地獄の獄卒（番人）の拷問を受ける。黒縄地獄では、焼けた縄で縛られ、斧で切り刻まれる。衆合地獄では、鉄の山に押しつぶされる。叫喚地獄では、熱湯の大釜でゆでられる。大叫喚地獄では、叫喚地獄までの10倍の苦しみを受ける。焦熱地獄では、延々と炎に焼かれる。大焦熱地獄では、ここまでの6つの地獄の責め苦をいっぺんに味わう。そして最下層の阿鼻地獄（無間地獄）では、前7つの地獄の責め苦が1000倍になって襲いかかる。

　さらに、この八大地獄では、それぞれの地獄の罰によって命が絶えても、すぐに生き返り、何度でも責め苦を味わうとされている。

　ちなみに、こうした地獄の責め苦は永遠に続くように感じられるが、実際には期限がある。ただ、その期限は極めて長く、一番罪の軽い者が落ちる等活地獄でも、1兆6653億1250万年。一番罪の重い者が落ちる阿鼻地獄（無間地獄）では、682京1120兆年にもなるという。そして、この永劫とも思われる地獄での刑期を終えた罪人たちは、再び六道のいずれかに生まれ変わるのである。

仏たちの暮らす清らかな「浄土」

　大乗仏教では、六道のほかに「浄土」という世界があるとしている。

浄土は一切の煩悩や穢れがなく、仏が暮らす清浄な世界のことだ。 この浄土に対し、煩悩にまみれた生き物たちが暮らす現世を「穢土」という。

浄土は仏が治める世界とされ、日本では阿弥陀如来が治める西方極楽浄土が知られる。そのため、一般的には浄土というと西方極楽浄土を指すことが多い。だが、ほかにも薬師如来が治める東方浄瑠璃浄土や、観世音菩薩が治める補陀落浄土など、数多くの浄土がある。

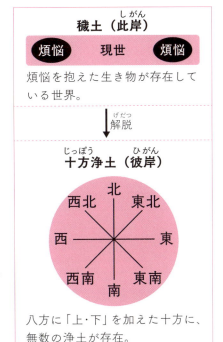

現世と浄土

六道を抜け出して浄土に行くことを「往生」という。 往生する方法についてはさまざまな説があるが、たとえば西方極楽浄土なら、阿弥陀如来の慈悲にすがるというのも、その一つとされている。

そんな浄土は、輪廻をくり返す六道とは異なる世界だ。しかし、浄土に往生したとしても、それで輪廻から抜け出したことにはならない。浄土で仏教の修行を続けることで、初めて完全に輪廻から抜け出せるのである。つまり、浄土とは、輪廻を抜け出して涅槃（ニルヴァーナ）に至る準備をするための世界なのだ。

豆知識
日本人が抱いている地獄のイメージは、平安時代の天台宗の僧侶である源信が985年に著した『往生要集』にもとづいている。『往生要集』での地獄の描写が、後世において絵画として描き起こされたためだ。

数万種類を数える 仏教の経典

長い年月をかけ、多くの人の手によってつづられたことから、数多くの経典が存在している。

🪷 仏陀の死後にまとめられた教義

　仏教の教義が書かれたものを「経典」（仏教経典）という。だが、**経典は開祖である仏陀が書いたものではなく、仏陀の死から500年ほど経ってから書かれるようになったものだ。**

　仏陀の教えをまとめる作業自体は、その死の直後から弟子たちによって始められたという。ただ、この時点では教えが文字で記されることはなく、すべて口伝だった。当時のインドでは、大切なことや聖なることは文字で書き写さず、口から口へ直接言葉で伝えていくべきとされていたためである。

　口伝で仏陀の教えをまとめる際、弟子たちは「如是我聞」と言ってから、仏陀の教えを語りはじめたと伝えられている。この言葉は、「このように私は聞きました」という意味で、「今から語ることは正しく仏陀の教えを聞いて伝えるものであり、勝手に自分の意見を述べているわけではない」ということを表すものだ。この伝統を受け継ぎ、その後、編まれることになる**経典の多くも、「如是我聞」という言葉で始まっている。**

　経典が書かれるようになった当初、使われていた文字はパーリ語だった。この言語は紀元前3世紀ごろにインドで成立したと考えられてい

る。パーリとは「聖典」という意味だが、これは仏教経典に使われた
ことから後世つけられた名称だ。

　やがて紀元０年前後から、経典はインドの別の言語であるサンスク
リット語（梵語）でも書き記されるようになった。サンスクリット語
は紀元前４〜前２世紀ごろに成立した言語で、「完成された」「洗練さ
れた」という意味を持つ。

　そのサンスクリット語で書かれた経典が、２世紀後半ごろに中国に
伝わり、漢字に翻訳された。日本に伝わった経典のほとんどは、この
漢訳経典である。

　ところで、紀元前１世紀ごろから書きはじめられた経典は、その後
も1000年以上にわたって、次々と新たなものが書かれていった。そ
の結果、現在、**経典の数は約８万4000もあるとされている。**

❀「経蔵」「律蔵」「論蔵」の三蔵

　数多い経典を大別すると、**「経蔵」（スートラ）、「律蔵」（ビナヤ）、
「論蔵」（アビダルマ）の３種類に分けられる。**

　経蔵とは、仏陀の教えを書き記した説教集のことだ。いわば、仏教
の教義の中心となるものである。この経蔵は、必ず「如是我聞」とい
う言葉で始まるのが決まりとなっている。

　律蔵は、仏弟子が守るべき生活規範と、仏教教団の規則が記された
ものだ。信徒の戒律である五戒なども、この律蔵が典拠となっている。
ちなみに、もともと「戒」は自発的な心の働きのこと、「律」は外面
的な規範のことで、最初のころは明確に区別されていたが、時代を経
るにつれ、その区別は曖昧になっていった。

　論蔵は、経蔵と律蔵の解説書・注釈書である。仏教が発展していく

05
日目

数万種類を数える仏教の経典

につれ、仏陀の教えや教団の規則などへの解釈が人によって分かれるようになっていった。そのため、さまざまな解説書や注釈書が記されるようになったのである。

この経蔵、律蔵、論蔵の3つを合わせて「三蔵」ともいう。そして、経蔵、律蔵、論蔵の3種類の経典に精通した僧侶は、三蔵や三蔵法師と呼ばれ、尊敬された。

三蔵法師というと、中国の古典『西遊記』を思い浮かべる人が多いだろう。『西遊記』の主要な登場人物である三蔵法師は、7世紀の中国王朝である唐の時代に実在した僧侶の玄奘がモデルになっている。玄奘は陸路で当時のインドに渡り、大量の経典を持ち帰ったことから、玄奘三蔵や三蔵法師という尊称で呼ばれるようになった。

ただ、三蔵は尊称であるため、歴史上、玄奘以外にも三蔵の名で呼ばれた僧侶は複数いる。何人か名前をあげると、4世紀に現在の中国・新疆ウイグル自治区あたりで生まれ、都の長安（現在の陝西省西安市）にやってきて約300巻の経典を漢訳した鳩摩羅什、5世紀末に西インドで生まれ、中国に渡った真諦、8世紀にインド南部に生まれ、中国に密教を定着させた不空金剛なども、三蔵の尊称で呼ばれた。

日本で広く知られている経典

日本には中国からさまざまな経典が伝わってきたが、そのなかでもとくに有名なのは、「般若経」「法華経」「浄土三部経」だろう。

般若経は全600巻という長大な経典だが、日本ではそれを300文字程度の漢字に要約した「般若心経」が広く知られている。その中身には、玄奘が漢字262文字に要約したものもある。法華経は、仏陀が時間と空間を超えて永遠に存在することや、誰もが成仏できるという思

想を幻想的な表現で記した経典である。そして浄土三部経は、阿弥陀如来の慈悲にすがることで極楽浄土に往生できることを説いた経典だ。

そのほか、経典のなかには「維摩経」のように戯曲のような構成で書かれた変わったものもある。この維摩経は、かの聖徳太子（厩戸王）も深く親しんだと伝えられている。

> 大乗仏教における経典の一つで、仏教の重要な思想が集約されている。仏陀の弟子と観音菩薩との対話形式になっており、登場する「色即是空空即是色」（存在するとされる物事＜色＞は実体がなく＜空＞、本来は存在しない物事が実際は存在する）というフレーズはよく知られている。

観自在菩薩　行深般若波羅蜜多時　照見五蘊皆空　度一切苦厄
舎利子　色不異空　空不異色　色即是空　空即是色　受想行識
亦復如是
舎利子　是諸法空相　不生不滅　不垢不浄　不増不減
是故空中　無色無受想行識　無眼耳鼻舌身意　無色声香味触法
無眼界　乃至無意識界　無無明　亦無無明尽　乃至無老死
亦無老死尽　無苦集滅道
無智亦無得　以無所得故　菩提薩埵　依般若波羅蜜多故
心無罣礙　無罣礙故　無有恐怖　遠離一切顛倒夢想　究竟涅槃
三世諸仏　依般若波羅蜜多故　得阿耨多羅三藐三菩提
故知般若波羅蜜多　是大神呪　是大明呪　是無上呪　是無等等
呪　能除一切苦　真実不虚　故説般若波羅蜜多呪
即説呪曰　羯諦　羯諦　波羅羯　諦波羅僧羯諦　菩提薩婆訶
般若心経

般若心経（要約版）

豆知識

日本人で唯一、「三蔵」の尊称を持つ僧侶がいる。9世紀に遣唐使として中国に渡った霊仙だ。霊仙は長安で経典を漢訳する仕事に従事し、その功績により、時の皇帝から三蔵の称号を賜った。

アジア各地に広がった「上座部仏教」と「大乗仏教」

インドで誕生した仏教は、さまざまな宗派に分かれながら、各地に伝わり、それぞれの地で受け入れられていった。

❀ 教団の一大事「根本分裂」

　仏陀の死後、弟子たちはしばらくの間は団結してその教えを広めるべく活動していた。このとき、どうすれば仏陀の教えを正しく後世に伝えられるかということが課題となり、**弟子たちは会議を何度も開いた。この会議のことを「結集」という。**

　しかし、しだいに戒律の解釈などをめぐって弟子たちの意見が分かれるようになっていった。そして、紀元前250年ごろ、それまでどおりきびしく戒律を守るべきだとする保守派の「上座部」と、戒律を多少ゆるめてもよしとする改革派の「大衆部」とに、**初期の教団は二分してしまう。これを「根本分裂」という**（6ページ参照）。

　その後、上座部と大衆部の双方とも内部分裂をくり返し、上座部は11に、大衆部は8〜9に分かれていった。このように**多数の派に分かれた時代の仏教を「部派仏教」という**。

　部派仏教の各派は、自派こそが正しく仏教の教義を理解していると主張し、対立した。それにともない、自派の主張を裏づけるため、仏教の教義に対する学問的な研究が各派で深められていった。ただ、部派仏教の各派は対立していたものの、どの派も「悟りを開けるのは出家した者だけであり、在家の者は悟りを開けない」とする点は共通し

ていた。なお、出家は仏門に入り修行すること、在家は出家していないことを意味する。

やがて、上座部のなかの一派の教えがスリランカに伝えられ、そこからミャンマー、タイ、カンボジア、ラオスなどの東南アジア各地に伝播していった。こうして**東南アジアに広まった仏教を「上座部仏教」という。**これらはインドよりも南方に伝えられたことから「南伝仏教」とも呼ばれている。

上座部仏教は、現在も東南アジアの各国で信仰されている。上座部仏教は部派仏教の時代の伝統を受け継いでいるため、今も「悟りを開けるのは出家した者だけ」としているのが特徴だ。

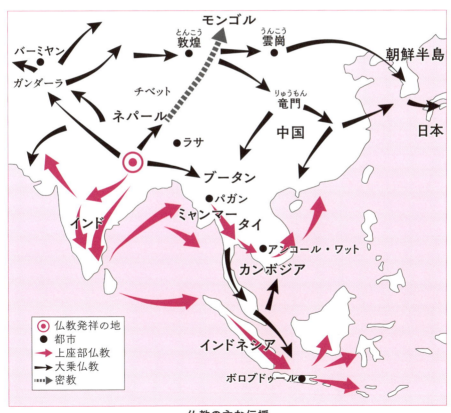

仏教の主な伝播

🪷 大乗仏教が成立

　部派仏教の時代、仏教教義の学問的な研究が深められたことで、その体系化は大きく進んだ。しかし、一方であまりに学問的になったため、一般の民衆には理解しづらいものとなってしまった。また、「出家した者だけが悟りを開ける」とする部派仏教の主張も、普通に生活をしている在家の人々にとっては高いハードルだった。

　そうした部派仏教への批判から、**紀元前1世紀前後に「大乗仏教」が成立する。**大乗とは「大きなすぐれた乗り物」という意味で、「在家、出家を問わず、誰でも悟りに導く偉大な乗り物」という主張を込めて、大乗仏教の信徒たちがみずから名づけた形だ。

　ちなみに、大乗仏教の信徒は自分たちと比較し、部派仏教や、上座部仏教のことを「小乗仏教」と呼んでいた時期もある。小乗とは「劣った乗り物」という意味だ。ただし、さげすむ意図があったため、現在では小乗仏教という呼称はほとんど使われていない。

曼荼羅

　ともあれ、部派仏教にくらべてハードルの低かった大乗仏教は、インドの人々に受け入れられ、紀元1世紀には中国まで伝わった。さらに、そこから朝鮮半島を経て、日本にも伝えられた。そのため、**日本に浸透している仏教はほとんどが大乗仏教である。**

　このように大乗仏教はインドより北方に伝えられたことから「北

伝仏教」とも呼ばれている。なお、別のルートでベトナムにも大乗仏教が伝わったことから、同国では今でも大乗仏教が盛んだ。

密教とチベット仏教

仏教発祥の地であるインドでは、4世紀ごろからヒンドゥー教の勢力が増していった。この流れを受けて、**大乗仏教のなかから生まれたのが「密教」である。**密教というのは「秘密の教え」という意味で、その教義の神髄を選ばれた者にしか教えないことから、この名がつけられている。

密教の特徴は、ヒンドゥー教の神秘的な呪文を教えに取り込んだことにある。その呪文は密教において「マントラ」（真言）と呼ばれる。多数の仏を配置した図像である曼荼羅も密教を特徴づけるものだ。そんな密教は8世紀にチベットに伝わり、**土着の宗教と結びつきながら、「チベット仏教」として独自に発展した。**チベット仏教では、輪廻の考えにもとづき、宗教的指導者であるダライ・ラマの転生が信仰の中核となっている。このチベット仏教は、モンゴルやブータン、ネパールなどにも広まっていった。とくにモンゴルは、第二の中心地といわれるほど、チベット仏教が盛んだ。

さらに密教は、中国を経て、9世紀初頭に日本にも伝えられた。日本の仏教宗派である真言宗（58ページ参照）は密教を中心としており、天台宗（56ページ参照）も密教を大きな柱の一つとしている。

豆知識

チベット仏教の主流の教主であるダライ・ラマは、輪廻転生の考えにもとづいて幼児のなかから選ばれ、代替わりしてきた。しかし近年は、高僧か学者、適切な資質を持つ20歳程度の人物から選出するなどの方法が模索されている。

まだまだ知りたい 仏教の素朴な疑問①

歴史に名を残す有名な僧侶や、梵字、仏教にまつわる武術など、気になる疑問に答える。

仏教を盛り上げ伝えた名僧たち

　2500年以上の長さを誇る仏教の歴史において、今もその名を残す名僧や高僧が数多くいる。そのなかでも**筆頭にあがるのが、「十大弟子」と呼ばれる10人の僧侶だ**。十大弟子は、仏陀の教えを直接受けた弟子たちであり、初期の仏教教団で重要な役割を果たした。名前を列挙すると、舎利弗、目犍連、摩訶迦葉、須菩提、迦旃延、富楼那、阿難、阿那律、優婆離、羅睺羅の10人となる。

　舎利弗と目犍連は、もともと別の宗教教団に属していたが、仏陀と出会い、その弟子となった。摩訶迦葉は仏陀の死後、教団を率いた僧侶である。須菩提はもと商人で、決して人と争うことがなかったと伝えられている。迦旃延は、仏陀の教えをわかりやすく人に説くのが得意だったとされる。富楼那は富豪の息子で、仏陀と同じ日に生まれたともいわれる。阿難と阿那律は、ともに仏陀の従弟である。優婆離は低い身分に生まれ、仏陀の母国であるカピラヴァスツで理髪師をしていたとされる人物だ。そして、羅睺羅は仏陀が出家する際に捨てた、実の息子である。

　この10人の弟子の活躍によって、仏陀の死後も教団は発展していき、その教えは各地に広まっていった。

仏教が広まっていくなか、やがて大乗仏教が成立する。その**大乗仏教の理論的な基礎をつくったとされるのが龍樹だ。**

龍樹のくわしい生涯はわかっていないが、南インド出身で２〜３世紀ごろの人物とされる。幼いころから龍樹は賢く、若くしてさまざまな学問を究めたが、時に羽目を外すこともある遊び人でもあったという。しかし、やがて仏教に目覚め、その思想の研究に生涯を費やすこととなる。

龍樹が大乗仏教の理論を深めたことにより、それまで理論面では上座部仏教に負けていた大乗仏教が、理論面でも遜色のないものになったとされる。以後、大乗仏教は大きく発展し、上座部仏教以上に広まっていった。

高僧をもう１人あげるとすれば、達磨になるだろう。達磨は５〜６世紀の南インドの国の王子として生まれたが、僧侶となり、中国に渡って禅（68ページ参照）を伝えた人物である。そのため、中国でも日本でも禅宗の宗祖とされている。

伝説によれば、中国に渡ったのち達磨は、壁に向かって９年間も坐禅し続けたため、両足がくさってしまったともいう。置物のダルマは、修行中の達磨の姿がモチーフとされており、転ぶたびに起き上がるという意味で縁起物として江戸時代からあつかわれていた。ダルマ落としも江戸時代の発祥で、置物のダルマに似ていることからその名がつけられたものだ。

龍樹

達磨

07日目 まだまだ知りたい仏教の素朴な疑問①

37

🪷 寺院でよく見る不思議な文字

　卒塔婆などに書かれている不思議な文字は、「梵字」と呼ばれるものだ。これはサンスクリット語（29ページ参照）を表記するための文字である。

　中国に仏教が伝わった際、その経典は梵字で書かれていた。それが中国で漢字に翻訳され、その後、日本に持ち込まれた経典の多くも、この漢訳の経典だったが、梵字の経典も一部入ってきた。だが、当時の日本人のほとんどは梵字が読めなかったため、しだいに梵字の1文字ごとに仏教の教えが込められており、**神秘的な力があると信じられるようになり、文字そのものが信仰の対象となった。**

　梵字への信仰は、日本だけのものだ。その影響で、今も日本で梵字は装飾品のデザインなどでもよく使われている。

梵字の一覧（五十音）

🪷 高僧が中国で広めた武術

中国拳法の一派である少林拳は、映画などにより日本でもおなじみだ。少林拳は、5世紀に建立された嵩山少林寺（現在の中国の河南省鄭州市）という寺院で形づくられる。6世紀前半、達磨が嵩山少林寺へとやってきて、禅とともに、インドの武術を伝えたとされる。嵩山は中国で霊峰とされると同時に険しいことで知られ、そのような過酷な場所で修行するには体を鍛える必要があり、その手段として武術が取り入れられたという。達磨は南インドの国の王子とされることから、武術のたしなみがあったのかもしれない。

ただ、本当に達磨が少林拳の創始者であり、その源流がインドの武術であるかは、文献などが残っていないため、はっきりしていない。それでも、歴史的に嵩山少林寺の僧侶たちが武術を鍛錬していたことは確かで、敵対勢力と争う有力者の1人に嵩山少林寺の僧侶が助力することになり、少林拳をふるったとされる。このときの功績が認められ、その有力者がのちに皇帝となると、嵩山少林寺の僧侶は武術を鍛錬することのお墨付きをもらっている。

少林拳は20世紀に入ると、前近代的なものとみなされ一時衰退したが、現在は復興し、再び盛んになっている。

武術を鍛錬中の僧侶

> **豆知識**
>
> 少林拳とよく混同されるのが、少林寺拳法である。だが、少林寺拳法は、嵩山少林寺で少林拳を学んだ日本人が、日本の古武道の技術を合わせて創始した日本独自の武術で、中国の少林拳とは別物だ。

08日目 日本の仏教史① 仏教の伝来（飛鳥～奈良時代）

日本に伝わった仏教は、日本古来の神道との摩擦を
生じながらも、しだいに浸透していった。

朝鮮半島から日本に伝わる

　日本に仏教が伝わったのは、6世紀のことだとされている。欽明天皇の治世に、朝鮮半島に存在した国家の一つである百済の聖明王から天皇に仏像と経典が贈られたと『日本書紀』には記されている。**日本に公式に仏教が伝えられたのはこれが最初であり、このできごとは「仏教公伝」という。** 仏教公伝は538年のこととされているが、552年という説もある。

　もっとも、6世紀以前から何百年にもわたり、日本は中国大陸や朝鮮半島から最新の技術や文化、政治制度などを輸入していた。そのため、非公式には仏教公伝より前から、仏教の教えは日本に断片的に入ってきていたし、僧侶も来日していたと考えられている。その証拠に、欽明天皇が在位したよりも古い時代の古墳から、背面に菩薩像を配した鏡などが出土している。

　ともあれ、こうして仏教は日本に伝えられたものの、日本には昔から神道という独自の宗教があり、長い間、その神道の神々が厚く信仰されていた。そのため、**有力豪族らは、仏教を積極的に導入しようとする崇仏派と、それに反対する排仏派に分かれて争う。** 前者の代表が蘇我氏であり、後者の代表が物部氏だ。

🪷 仏教を定着させた人物

蘇我氏と物部氏の対立は6世紀後半には決定的なものとなり、587年、ついに軍事衝突するにまで至った。この丁未の乱は、用明天皇の子であり、仏教を厚く信仰していた聖徳太子（厩戸王）と手を結んだ蘇我氏の勝利に終わり、**朝廷では崇仏派が実権を握ることとなる。**

やがて、聖徳太子は推古天皇の摂政となり、仏教にもとづいた国づくりを進めていく。聖徳太子が604年に制定したとされる「十七条憲法」の2番目の条項には、「篤く三宝を敬え」と記されている。三宝とは、仏（仏陀）と法（仏陀の教え）と僧（僧侶）のことだ。

また、聖徳太子は中国王朝の隋に小野妹子らを派遣し（遣隋使）、隋との交流によって、より多くの仏教にまつわる知見を得ようとしている。国内において聖徳太子は、四天王寺（大阪府大阪市天王寺区）や法隆寺（奈良県生駒郡斑鳩町）を建立するとともに、朝鮮半島に存在した国家の一つである高句麗から来日した高僧の恵慈を師としている。

仏教への見識を高めた聖徳太子は、「法華経」「勝鬘経」「維摩経」の注釈書である『三経義疏』を著したと伝えられる。これは、日本人の手による初めての仏教注釈書だ。

聖徳太子の精力的な活動は、日本に仏教を定着させるうえで大きな役割を果たしたとされる。ただ、近年は聖徳太子の実在性について疑問視する声も強まっており、**仏教に関連する聖徳太子の功績の多くは、実際には蘇我氏によるものだともいわれている。**

08日目 日本の仏教史① 仏教の伝来（飛鳥～奈良時代）

生没年：574～622
生地：飛鳥（現在の奈良県）

聖徳太子

🪷 仏教が国のあり方の根本に

　8世紀、奈良時代前半に即位した聖武天皇は、国内外で戦乱や疫病、災害などが頻発するようになったため、しだいに仏教に深く帰依するようになっていった。

　741年には、全国各地に国分僧寺と国分尼寺の建立を命じた。これを「国分寺建立の詔」という。この詔により、金鍾山寺が大和国（現在の奈良県）の国分寺とされ、それにともない金光明寺と改称された。これが東大寺の前身にあたり、東大寺の正式名称である「金光明四天王護国之寺」からはその名残りがうかがえる。東大寺という名称は「都である平城京の東に位置した大規模な寺院」からきている。さらに聖武天皇は、743年に「大仏造立の詔」を発し、盧舎那仏（通称「奈良の大仏」）の建立が進められた。

　これらの政策は、仏教の教えを広めることによって平和な世の訪れを願うとともに、天皇の権威を示すことで国家の安定をはかるねらいがあったとされている。

生没年：668〜749
生地：河内国（現在の大阪府）

行基

　盧舎那仏の造立は一大国家事業として始められたが、資金難から頓挫しかけた。このとき活躍したのが、行基という僧侶である。

　当時、日本における仏教は完全に国家によって管理されて、僧侶になるのも朝廷の許可が必要であり、民衆に仏教を直接布教することも禁止されていた。しかし、無許可で僧侶となる者もおり、そうした者は私度僧と呼ばれた。行基はそんな私度僧の1人だ。

行基は村々を回って布教するのと同時に、民衆のために土木工事を指揮するなどしたことから、民衆に敬われる存在となる。朝廷ははじめ、私度僧である行基をきびしく弾圧したが、だんだんとその影響力を無視できなくなり、やがては頓挫しかけていた大仏建立への協力を要請せざるを得なくなった。

これに行基も応え、全国を行脚（あんぎゃ）して勧進（かんじん）（寄付を募ること）を行った結果、資金難は解消され、盧舎那仏の造立が再開されることとなる。

752年、ついに大仏が完成。すでに譲位（じょうい）していた聖武天皇や光明皇太后（たいごう）、孝謙（こうけん）天皇をはじめ、一万数千人にもおよぶ参列者のもと、大仏開眼供養会（かいげんくようえ）（大仏の目を描き入れる儀式）が大々的に行われた。この供養会には、南インド出身の菩提僊那（ぼだいせんな）という高僧も招かれ、儀式の中心的な役割を務めた。

これらの功績から**聖武天皇、行基、菩提僊那、良弁（ろうべん）（東大寺の初めての別当（べっとう）〈住職に相当〉）は東大寺の「四聖（しせい）」としてたたえられている。**

国家が強力に後押ししたことで、平城京（奈良県奈良市）では仏教が盛んになり、六宗（ろくしゅう）（56ページ参照）と呼ばれる宗派が成立する。そして、行基をはじめとした私度僧の熱心な活動により、しだいに仏教は民衆にも広まっていく。

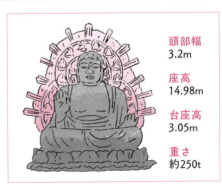

頭部幅 3.2m
座高 14.98m
台座高 3.05m
重さ 約250t

東大寺の大仏

> **豆知識**
> 東大寺盧舎那仏の建造費は、現在の価格で約4700億円という試算がある。建造に関わった人々（当時の日本の全人口の半数にあたる約260万人）の消費などによって生じた経済波及効果も含めると、約1兆円とも試算されている。

09
日目

日本の仏教史②
仏教の発展（平安～鎌倉時代）

**仏教は神道と入り混じり合う形で普及していった。
そして、日本独自の宗派が成立することになる。**

❁ 「神仏習合」が進んだ平安時代

　794年に平安京への遷都が行われ、平安時代になると、日本の仏教に二つの大きな流れが生まれる。その一つは、**仏教と神道が接近し、入り混じっていったことだ。これを「神仏習合」、あるいは「神仏混淆」という。**

　神仏習合は、奈良時代には始まっていた。奈良時代においては、日本に古くから伝わる神道への信仰のほうが"主"であり、新興の外来思想である仏教のほうが"従"だった。そのため、神社の境内の一角に、寺院が建てられることもめずらしくなかった。あくまで、神道が主導権を握っていたのである。そうした寺院を「神宮寺」という。

　しかし、平安時代に入ると、しだいに仏教が"主"で、神道が"従"というように関係が変化していく。これにともない、神宮寺のように神社の境内に寺院を建てるのではなく、寺院の境内の一角に仏を守るための神をまつる「鎮守の社」が建てられるケースが増えていった。

　仏教優勢の流れを決定づけたのが、10世紀ごろから唱えられるようになった「本地垂迹」という思想（本地垂迹説）である。本地とは「本来の境地やあり方」という意味、垂迹とは「神仏が現れる」という意味だ。この思想では、**神道で信仰されてきた日本古来の神々というの**

神宮寺と鎮守の社

は、仏が人々を救うために現世に現れるときの仮の姿であるとされた。仮の姿である神を「垂迹神」といい、その正体とされる仏を「本地仏」という。

　本地垂迹説は、その後、日本の宗教界において主流の考え方となり、それに合わせて、「天照大御神＝大日如来」「八幡神＝阿弥陀如来」など、垂迹神と本地仏の関係が定まっていった。ただ、その組み合わせは寺院や神社によって異なる。また、本地垂迹説が広まったのは知識階級や支配層の間だけで、庶民は仏と神の主従関係をとくに意識することはなく、どちらも尊いものとして信仰した。

　なお、現在は寺院に行くと、御神籤や賽銭箱があるのが普通だが、これらは本来、神道の風習だ。寺院でも見られるようになったのは、神仏習合の影響である。

　平安時代に生まれた日本の仏教の大きな流れのもう一つが、**日本独自の宗派である「天台宗」と「真言宗」の成立である**（56～59ページ参照）。この二つの宗派は、源流こそ中国の仏教だが、日本においてオリジナルの宗派として成立することになる。この流れを受け、次の鎌倉時代になると、次々と日本独自の宗派が誕生していく。

🪷 「末法」の世から生まれた仏教

　平安後期になると、朝廷の権威がおよばなくなった地方などで戦乱が相次ぐようになり、疫病や飢饉もたびたび発生した。

　そうしたなか、このような**世の乱れは仏教の教えが衰えたことが原因だとする「末法思想」が広まっていく**。末法思想とは、仏陀が死去したあと、「正法」「像法」「末法」の順に時代が移り変わり、それにつれて仏教が衰え、世の中が乱れるとする歴史観である。その最悪の世である末法が、平安後期の1052年から始まったとされた。

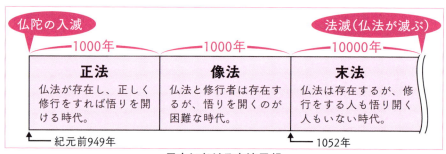
日本における末法思想

　この絶望的な空気から平安末期に成立した日本の宗派が、浄土宗である。浄土宗ではそれまでの仏教につきものだったきびしい修行や、難しい経典を読み解く必要のないものとし、阿弥陀如来の慈悲にすがれば誰でも救われるとした。その平易さから、浄土宗は庶民を中心に信徒を集めることとなる。鎌倉時代にあたる13世紀には、この浄土宗の流れをくんだ、浄土真宗や時宗などの宗派も成立した。

　同時期には、臨済宗や曹洞宗などの禅宗も成立し、普及していった。禅宗は、坐禅による精神修行と日常的な仕事の作務、さまざまな問答などを通して悟りを目指す宗派だ。質素で禁欲的な生活を送りながら、体を使った修行を重んじる禅宗は、主に武士に親しまれた。鎌倉中期

になると、法華経を唯一の正しい経典とし、現世での救済と国家護持を唱えた日蓮宗が成立する。

こうして、平安末期から鎌倉時代にかけて成立した、**浄土宗、浄土真宗、時宗、臨済宗、曹洞宗、日蓮宗の6つの宗派は、「鎌倉仏教」と呼ばれている**（各宗派の詳細は別ページで紹介）。鎌倉時代は、仏教が庶民にまで完全に広まった時代であり、日本の仏教の歴史における最大の発展期といえるだろう。

その後、鎌倉仏教は室町〜戦国時代にかけて信徒を増やしていき、なかには一向宗（76ページ参照）のように、領主である大名をおびやかすほどの勢力になる宗派も現れる。

	浄土宗	浄土真宗	時宗
宗祖	法然	親鸞	一遍
総本山（所在）	知恩院（京都府京都市）	総本山は存在せず、各派ごとに本山がある	清浄光寺（神奈川県藤沢市）
主な理念・特長	専修念仏	本願他力	踊り念仏
主な著作	選択本願念仏集	教行信証	一遍上人語録※江戸時代に編纂

	臨済宗	曹洞宗	日蓮宗
宗祖	栄西	道元	日蓮
総本山（所在）	総本山は存在せず、各派ごとに本山がある	※永平寺（福井県永平寺町）總持寺（神奈川県横浜市）	久遠寺（山梨県身延町）
主な理念・特長	公案	只管打坐	題目
主な著作	興禅護国論	正法眼蔵	立正安国論

鎌倉仏教 ※総本山はなく、大本山が2ヶ所ある

豆知識

仏陀の入滅から2000年を経て始まるとされた末法の世が1052年からとされていたのは、当時の日本では、仏陀が入滅したのは紀元前949年と考えられていたためだ。ただ、現在では仏陀が紀元前10世紀の人物とは考えられていない。

10日目
日本の仏教史③
仏教の定着（江戸〜明治時代以降）

江戸時代、仏教は完全に日本人の生活の一部となった。
だが、明治維新により、衰退の危機が訪れる！？

檀家制度により経営が安定

　江戸前期にあたる17世紀、日本の仏教に大きな変化が生まれる。江戸幕府が「檀家制度」、もしくは「寺請制度」と呼ばれる制度を設けたことがきっかけだ。

　この制度により、武士・町民・農民の身分を問わず、**すべての人がどこかの寺院の檀家となり**、寺院側はその人たちが自身の寺院の檀家であるという証明書（寺請証文）を発行することになる。**檀家とは、寺院や僧侶を経済的に援助する家、またはその家の人のことだ。**

　また、寺院側は檀家の葬祭供養をとり行う代わりに、寺院の維持に

江戸時代の檀家制度（寺請制度）

関わる諸経費をすべて檀家に提供してもらうことになった。こうして、寺院は安定した収入を得ることになり、経営は格段に安定した。

　幕府が檀家制度を導入したもともとの目的は、禁教としたキリスト教の信徒を取り締まり、領民がキリスト教徒でないことを証明させるためだった。だが、通行手形の交付から、婚姻や出産など、しだいに生活のあらゆる場面で寺院が出す証明書が必要になっていった。**現在でいうところの戸籍を寺院は管理し、幕府は寺院を通じて、領民を管理していたのである。**

　なお、遠方に移住する場合、別の寺院の檀家になることもできたが、当時はそうしたケースはあまりなかったため、基本的には**特定の寺院と檀家の関係を一度結ぶと、個人の一生のみならず、子孫代々にわたって関係が続いた。**

　ここまでの内容からすると、檀家制度は寺院にとってプラスの面しかないように見えただろう。しかし幕府は寺院に対して、布教活動による新しい信徒の獲得を禁じた。これは、戦国時代の一向宗（76ページ参照）のように、特定の宗派が力を持ちすぎることを防ぐ意図があったとされている。

　布教活動ができなくなったことで、江戸時代における寺院と信徒の関係は信仰で結ばれたつながりというよりも、葬祭供養を行って各種証明書を出す代わりに資金援助してもらうという、一種の契約のような意味合いが大きくなった。そのため、当時から現在に至るまで、日本の仏教に対して「葬式仏教」という批判もつきまとうこととなる。

　批判も多い檀家制度だが、経営が安定したことで歴史的価値のある寺院建造物などが維持できたという面は間違いなくある。また、三回忌や七回忌といった年忌法要や、お彼岸の墓参り、お盆の法事など、

仏教にまつわる風習が定着したのが江戸時代であり、仏教が日本の生活文化に溶け込んだのである。

🌸 明治政府の法令による影響

　檀家制度によって安定していた寺院の経営だったが、明治維新を迎えると大きくくずれる。

　1868年、明治政府が「神仏分離令」、ないしは「神仏判然令」と称される法令を発した。この法令は、表向きには神仏習合によって長年にわたり、仏教と神道の区別が曖昧になっている状況を改め、今後は仏教と神道、ひいては寺院と神社は明確に分けなさい、という主旨だ。じつは、**明治政府はこの法令により、幕府の統治機構の一端を担っていた仏教寺院の勢力を削ぐ意図があったとされる。**

　ただ、神仏分離令に端を発する形で、それまで劣勢にあった神道関係者や、檀家制度で負担を強いられた民衆の一部が中心となり、全国各地で寺院や仏像、仏具を破壊したり、焼き払ったりする廃仏毀釈運動が発生した。

　とくに、神道の中心地の一つである伊勢神宮のある伊勢国（現在の三重県東部）や、現在の鹿児島県と宮崎県の一部にまたがる鹿児島藩

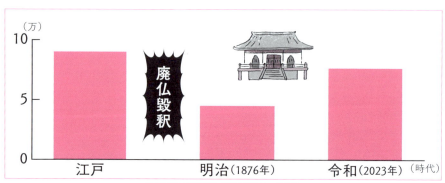

寺院数の変遷（江戸時代〜現代）

（旧・薩摩藩）での運動ははげしいものだった。鹿児島藩には江戸末期時点で寺院が1066あり、僧侶が2964人いたが、1874年にはともにゼロになる有り様だった。現在の島根県鹿足郡津和野町、現在の岐阜県中津川市、現在の長野県松本市、現在の富山県富山市を中心とした地域でも寺院に対する攻撃ははげしかった。

　運動は9年間ほど続き、その結果、江戸時代には全国で約9万もあった寺院が、運動後は約半分の4万5000ほどになってしまったという。一方、浄土真宗の信仰が厚い地域である現在の愛知県東部や、現在の福井県北部では、運動に反発する一揆が発生している。

　もう一つ日本の仏教において大きな変化があった。1872年に、新政府が「僧侶も結婚したり、肉を食べたりしてもよい」という法令を発したのである。僧侶が肉食したり、妻帯したりしてはいけないというのは仏教の基本的な戒律であり、日本でも浄土真宗を除けば、表面上はこの戒律が守られてきた。だが、**政府の許可が出たことで、以後、僧侶の肉食や妻帯は一般的となる。**この法令には、戒律を守り庶民から敬われていた僧侶の権威を低下させようという意図があったともいわれる。

　明治政府がさまざまな手段で寺院の力を削いだことにより、江戸時代とくらべて仏教の庶民への影響力は低下したものの、仏式の葬儀が数多くとり行われるなど、現在に至るまで仏教は日本人の生活に根強く残っている。

豆知識

戦乱の世が終わった江戸初期ごろ、人口の増加により新たな村が形成されていき、寺院も建てられていった。ところが、生産性のない寺院がこれ以上増えないよう、1631年に幕府は新たな寺院を建てることを禁じた。

11日目 海を渡り日本にやってきた有名な僧侶

仏教の先進国であった中国や朝鮮から
さまざま高僧が来日し、日本の仏教の発展に尽力した。

🌸 聖徳太子の師となった僧侶

　仏教はインドで成立してから1000年以上経って、日本に伝わった。いわば日本は仏教の後進国であり、仏教がすでに盛んだった地域から学ぶ必要があった。そのため、中国や朝鮮半島から複数の僧を招き、彼らによって日本の仏教は大きく発展する。そうした**海外から日本を訪れた僧侶のことを「渡来僧」という。**

　日本に仏教が伝わったころの著名な渡来僧が、41ページでも紹介した恵慈だ。595年に、朝鮮半島に存在した国である高句麗から渡来し、聖徳太子（厩戸王）の仏教の師となった恵慈は615年に帰国。聖徳太子の死（622年）を知ると深く悲しみ、翌年、聖徳太子の命日に死去したと伝えられている。

　聖徳太子の生前には、同じく高句麗から曇徴という僧侶も渡来している。610年に来日した曇徴は、聖徳太子ら家族が暮らす斑鳩宮に一度招かれたのち、法隆寺（奈良県生駒郡斑鳩町）に滞在したという。曇徴は日本に絵の具や紙、墨の製法を伝えたともいわれるが、史実かどうかは不明だ。

生没年：？〜623
生地：高句麗（朝鮮半島）

恵慈

❀ 失明しながらも来日した僧侶

　8世紀の奈良時代、苦難の末に日本へやってきたのが、中国王朝の唐からも高僧と認められていた鑑真だ。

　仏教が公式に伝わって以来、断片的に日本にも戒律は伝わってきていたが、不完全なものだった。そこで、742年に遣唐使とともに唐へ渡った日本の僧侶である栄叡や普照などが鑑真のもとを訪ね、日本に正しい戒律を伝えてくれる僧侶を派遣して欲しいと頼んだ。ところが、当時は日本への渡航は命懸けであり、鑑真の弟子たちは誰も日本に行きたがらなかった。すると、鑑真は自身が日本に渡ることを決意する。

　しかし、師が日本に渡ることを望まない弟子たちの妨害や暴風雨によって、鑑真の五度にわたる渡航の試みはことごとく失敗に終わった。さらに、その間に極度の疲労などから病にかかり、鑑真は両目を失明してしまう。

　それでも、日本に正しい戒律を伝えたいという決意はゆるがず、

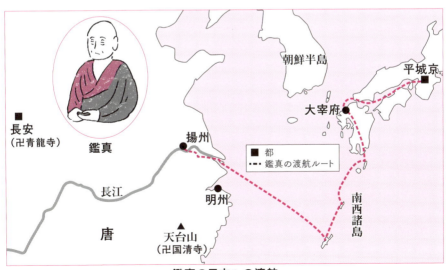

鑑真の日本への渡航

753年、六度目の航海で鑑真はついに日本の土を踏んだ。以後、鑑真は東大寺に住みながら日本に正しい戒律を広めるとともに、貧民の救済にも積極的に取り組み、**自身が開いた唐招提寺（奈良県奈良市五条町）で生涯を終えた**。鑑真は彫刻や薬草にくわしく、日本にそれらに関する知識を伝えたともいわれている。

🌸 鎌倉時代に来日した2人の僧

　鎌倉時代にあたる13世紀の日本では禅宗が盛んになり、禅宗の本場である中国王朝の南宋から僧を招いて学ぼうという機運が高まった。そうして、1246年に鎌倉幕府の執権だった北条時頼の招きによって来日したのが蘭渓道隆だ。

　蘭渓道隆は日本に本格的な禅宗を広めるとともに、時頼が鎌倉に創建した建長寺の初代住職に任じられた。その後、建仁寺（京都府京都市東山区）や禅興寺（神奈川県鎌倉市）などでも住職を務めながら、1278年に日本で生涯を終えている。

　蘭渓道隆の亡きあと、その後継として1279年に時の執権だった北条時宗が招いたのが無学祖元である。無学祖元は建長寺と円覚寺（鎌倉市）の住職を務めながら禅宗を広め、日本の臨済宗（68ページ参照）の発展の基礎を築く。

　この無学祖元が日本に来たあとの1281年に、モンゴル帝国軍が襲来した弘安の役が起こる。その際、無学祖元は「前に向かい、後ろを振り返るな」と北条時宗をはげましたと伝えられている。この逸話から、のちに「驀直進前」という故事成語が生まれた。

生没年：1226〜1286
生地：南宋（中国王朝）

無学祖元

無学祖元はもともと、短期間の滞在予定で日本にやってきたとされる。だが、南宋の政情が不安定だったことから帰国をあきらめ、1286年に日本で死去した。

🌸 インゲンマメを伝えた僧

　江戸前期の1654年、中国王朝の明から来日した隠元隆琦も、蘭渓道隆や無学祖元と同じく、禅宗の僧侶だ。当時、現在の長崎にあたる地には中国からやってきた人々が建立した唐人寺と呼ばれる寺院がいくつもあった。その一つである崇福寺の住職の座に空席が出たため、招かれたのだ。

　隠元隆琦は江戸時代の日本の禅宗に大きな影響を与え、のちに日本で成立する黄檗宗（71ページ参照）の宗祖となっている。ただ、それ以上に、日本にインゲンマメをもたらした人物として有名だ。

　インゲンマメは中南米原産のマメ科の作物で、ヨーロッパに伝わったのち、ユーラシア大陸を経て中国に入った。それを、隠元隆琦が来日の際に持ち込み、日本に広まったとされる。そこから、この豆は**隠元隆琦の名を取って、日本ではインゲンマメと呼ばれている。**ほかにも、スイカを日本にもたらしたのも隠元隆琦とする説がある。

生没年：1592～1673
生地：明（中国王朝）

隠元隆琦

> 豆知識
>
> 時の唐の皇帝から許可が下りないまま、鑑真は遣唐使船に乗り込み、日本に到着した。同じ船団の別の船には、二十数年ぶりに日本に帰国しようとする阿倍仲麻呂が乗っていたが、遭難の末、日本にもどれないまま唐で死去した。

日本の仏教の宗派①
南都六宗・天台宗・真言宗

海外で発祥の宗派が日本に伝わったのち、
平安時代には日本独自の宗派も誕生した。

🪷 日本で最初の宗派「南都六宗」

　8世紀の奈良時代、平城京（奈良県奈良市）に日本で初めて「宗派」というものが成立した。**法相宗、三論宗、倶舎宗、成実宗、華厳宗、律宗**の6つである。これを「**南都六宗**」という。南都というのは、平安時代の都である平安京（京都府京都市）から見て、かつて都だった平城京が南に位置したことに由来する。

　ただ、これらの宗派は当時の中国、もしくは朝鮮半島を通じて持ち込まれたもので、**日本独自の宗派ではない。**また、のちに日本に誕生する宗派では、1人の僧侶が複数の宗派に属することは基本的になかったが、南都六宗はそれぞれ仏教の特定の知識を学ぶ場であり、複数の宗派を学ぶことは一般的なことであった。いわば、**南都六宗の各宗派は大学の学部のようなものだった**のである。

　なお、三論宗、倶舎宗、成実宗は廃れて消滅し、宗派として現存するのは、法相宗、華厳宗、律宗の三宗だけだ。

🪷 仏教の各分野を網羅した天台宗

　平安時代になると、**日本独自の宗派が成立する。**その一つが、**最澄**が開いた「**天台宗**」だ。804年に中国王朝の唐に渡った最澄は、天台

山の麓にある国清寺（浙江省台州市）で天台宗を学ぶと翌年には帰国し、比叡山（滋賀県と京都府にまたがる）を拠点として密教の布教を開始する。これが日本の天台宗のはじまりである。最澄は中国に渡る前の788年に、比叡山に一乗止観院と名づけた小さな寺院を構えていた。これを中心に寺院の規模は拡大していき、最澄の没後、寺院は建立された際の元号から延暦寺と称するようになり、現在では「古都京都の文化財」の一角として世界遺産に登録されている。

　中国の天台宗では、経典のうち法華経（30ページ参照）を重視し、それを円教（円）と呼んでいた。最澄は、その円に重きを置きつつ、戒律（戒）、禅、密教（密）という各分野も重視し、自分の開いた天台宗でそれらをすべて網羅しようとした。これを「四宗相承」という。

　つまり、南都六宗が、それぞれ大学の学部のようなものであったのに対し、**最澄の開いた天台宗は単独で仏教の総合大学のようなものを目指したといえる。**こうして、日本の天台宗は中国のものとは異なる、

	南都六宗						平安二宗	
宗派名	法相宗	三論宗	倶舎宗	成実宗	華厳宗	律宗	天台宗	真言宗
日本に伝えた人物（出身）	道昭（日本）	道慈（日本）	智通・智達（日本）	道蔵（百済）	審祥（日本?）	鑑真（唐）	最澄（日本）	空海（日本）
総本山	薬師寺興福寺	※現存せず	※現存せず	※現存せず	東大寺	唐招提寺	延暦寺	金剛峯寺東寺
重視する教義	唯識	三論	説一切有部	成実論	華厳経	四分律	顕教・密教	真言密教

奈良時代と平安時代の宗派

独自の宗派となった。ちなみに、最澄の死後も、仏教のあらゆる分野を網羅しようとする姿勢は天台宗で受け継がれ、のちに浄土教（念仏）も取り入れられている。

　ところで、仏教のさまざまな分野を学べる最高学府ともいうべき天台宗には、やがて全国から僧侶が集まるようになり、そのなかから**新たな宗派を開くことになる名僧が数多く輩出される。**たとえば、融通念佛宗の宗祖である良忍、浄土宗の宗祖である法然、臨済宗の宗祖である栄西、曹洞宗の宗祖である道元、浄土真宗の宗祖である親鸞、日蓮宗の宗祖である日蓮などは、みな一度は天台宗の総本山である比叡山延暦寺で学んでいる。

🪷 密教に特化した真言宗

　平安時代には、もう一つ日本独自の宗派が成立している。**空海の開いた真言宗だ。**空海は、最澄と同時期の804年に唐へと渡り、都である長安（現在の陝西省西安市）の青龍寺で密教を学び、806年に帰国する。

　帰国後の816年には、嵯峨天皇の許可を得て高野山（和歌山県伊都郡高野町）に道場を開き、みずから学んできた密教（真言宗）を人々に伝えた。この道場が発展して金剛峯寺となり、現在では「紀伊山地の霊場と参詣道」の一角として世界遺産にも登録されている。さらに、823年に嵯峨天皇から下賜された東寺／教王護国寺（京都府京都市南区）も「古都京都の文化財」の一角として世界遺産に登録されている。

　真言宗の教えの特徴は、肉体を持ったまま現世で悟りを開けるとしたことだ。それまでの仏教では、どれほどきびしい修行を続けても、あるいは深く教義を学んだとしても、悟りを開けるのは来世のことだとされていた。しかし、真言宗では、密教の修行を積み、真言宗（お

よび密教全般）で最高位の仏とされる大日如来（だいにちにょらい）と一体化すれば、現世で悟りを開けると説いたのである。これを「即身成仏（そくしんじょうぶつ）」という。

その密教の修行方法は「三密（さんみつ）」と呼ばれ、身（しん）（肉体）、口（く）（言葉）、意（い）（心の動き）に関する行為だ。この三密を行ったうえで大日如来に祈（いの）れば、即身成仏が完成すると真言宗では説く。

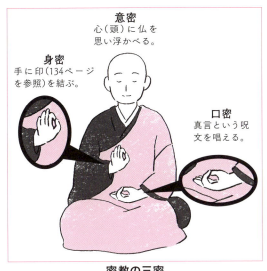

密教の三密

また、真言宗には空海が考案した「四度加行（しどけぎょう）」と呼ばれる独特の修行法も伝えられている。①密教の基本である18種の印と真言を行う「十八道」、②金剛界曼荼羅（こんごうかいまんだら）に描かれている仏の印と真言を行う「金剛界」、③胎蔵界（たいぞうかい）曼荼羅に描かれている409の仏を大日如来から順に思い浮かべる「胎蔵界」、④火のなかに薪（たきぎ）をくべて祈り不動明王（ふどうみょうおう）との一体化を目指す「護摩（ごま）」の4つの行程から成り立つ。

空海が持ち帰った密教は、**怨敵退散（おんてきたいさん）や病気治癒（ちゆ）などの現世利益的な呪法や祈禱法（きとうほう）が多く含まれていた**ため、当時の貴族らに歓迎され、真言宗はまたたく間に広まっていく。そして空海の死後、いくつもの宗派に分かれながら発展していった。

> 豆知識
>
> 最澄は死後、荼毘（だび）にふされ、延暦寺の敷地内に墓所がある。一方の空海は即身成仏したとされ、高野山にある奥の院にまつられている。そして、空海は生き続けているとされ、毎日、食事がささげられている。

13日目 日本の仏教の宗派② 浄土教系（融通念佛宗・浄土宗）

鎌倉時代に次々と日本独自の宗派が生まれる。
そのなかでも、浄土教が大きな一派を形成する。

🪷 念仏を唱えれば誰でも救われる

　仏教では成立以来、悟りを開くためにはきびしい修行や教義への深い理解が必要という考え方が支配的だった。そのような状況のなか、1～2世紀ごろのインドにおいて、阿弥陀如来を信じて**「南無阿弥陀仏」と念仏を唱えるだけで誰でも極楽浄土に行くことができ、救われるとする思想が生まれた。これを「浄土教」という。**

　なお、南無阿弥陀仏とは、「私は、計り知れない光明である阿弥陀仏に帰依します」という意味である。

　浄土教は2世紀後半には中国に、7世紀ごろから日本にも断片的に伝わっていた。本格的に持ち込まれたのは9世紀のことである。持ち込んだのは、天台宗の僧侶である円仁だ。

　インドや中国では浄土教は仏教の主流派とならず、日本の天台宗において浄土教は重視されたものの、それだけに特化することはなかった。しかし、平安

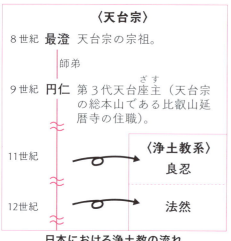

日本における浄土教の流れ

後期にあたる11世紀、末法思想が広まるにともない、「念仏を唱えるだけで誰でも救われる」とする浄土教のわかりやすさが、多くの人々の心をとらえる。そして、浄土教に特化した新たな宗派が次々と生まれていく。その先駆けが、良忍を宗祖とする融通念佛宗である。

念仏と善行は共有できる

良忍はもともと天台宗の僧侶だったが、当時の天台宗は都の貴族と癒着し、堕落していた。失望した良忍は比叡山を下り、きびしい苦行に身を投じた。

すると、1117年のある夜、良忍の夢に阿弥陀如来が現れ、「一人一切人 一切人一人 一行一切行 一切行一行 是名他力往生 十界一念 融通念仏 億百万遍 功徳円満」と告げたという。

これは「1人の念仏や善行は、すべての人の念仏や善行と溶け合い、すべての人の念仏や善行の功徳は、また1人に還ってきて、みなが浄土に行ける」という意味である。つまり、念仏や善行は自分だけのものでなく、みなと共有できるものであり、融通がきくということだ。これを「融通念仏」という。

従来の浄土教では、念仏を100万回唱えれば、願いがかなうとされていた。だが、良忍はこの融通念仏の考えにもとづき、100人が100回唱えただけで100万回唱えるのと同じ効果があると説いた。単純に計算すれば、100人が100回唱えても1万回にしかならないが、1人1回の念仏は、ほかの人の念仏と融合することで100回の念仏に等しくなり、

生没年：1073～1132
生地：尾張国（現在の愛知県）

良忍

13日目 日本の仏教の宗派② 浄土教系（融通念佛宗・浄土宗）

「100×100×100」で100万回となるのだという。そのため、良忍は**できるだけ大勢で念仏を唱えるのがよい**と説いた。

　阿弥陀如来のお告げによって融通念仏に目覚めた良忍は、その後の人生を、集団で念仏を唱える活動をするよう人々に広めることに費やした。

　ただ、良忍は自身を天台宗の僧侶であると認識しており、その立場から布教した。それゆえ、融通念佛宗が天台宗から離れて独立した宗派となっていったのは室町時代以降のことであり、明確な教義や組織が確立されたのは江戸時代に入ってからのことだ。

念仏を1回唱えるだけで救われる

　良忍が切り開いた日本の浄土教は、平安末期に法然(ほうねん)を宗祖とする浄土宗が成立したことで、さらに大きく発展する。

　法然は豪族の子として生まれたが、父の遺言により若くして仏門に入る。修行を積むなかでその聡明さが見込まれ、延暦寺で学ぶことになり、「智恵第一の法然」と呼ばれるようになる。しかし、しだいに天台宗の教えに満足できなくなり、京都や奈良のさまざまな寺院をめぐって仏教の研鑽(けんさん)を積んだ。そして43歳のとき、**「ただ、ひたすらに念仏を唱えるほかに救われる道はない」とする「専修念仏(せんじゅねんぶつ)」を見出す。**1175年には天台宗を離れ、浄土宗を開いた。

　法然は専修念仏に目覚めるまでに、さまざまな仏教の修行方法を比較した。その結果、念仏を唱えることが最も正しく、かつ最も易

生没年：1133～1212
生地：美作国(みまさか)（現在の岡山県）
法然

しい修行方法であるという結論に達したのである。この法然が専修念仏に至るまでの過程を「選択」という。

このように、誰でも簡単にできて救われるという方法を模索した浄土宗を象徴するのが、「一念往生」という考え方だ。それまでの浄土教では、念仏を唱える回数が多いほど往生（死後に極楽浄土に行くこと）しやすいと考えられていた。だが何度も念仏を唱える必要があるのなら、それは極めて苦しい修行であり、誰にでもできることではない。法然は、**本当に救われたいという思いがあるのなら、念仏を1回唱えただけでも救われるとしたのである。**

誰でも容易に救われるとする法然の教えは、貴族から庶民まで幅広い層に受け入れられ、浄土宗は急速に信徒を増やしていった。ところが、そのことに対する従来の仏教の各宗派からの反発も強く、法然とその弟子たちははげしい弾圧を受けた。晩年にあたる75歳のとき、法然はいわれなき罪をかぶせられ、流罪の憂き目にもあっている。

それでも法然は念仏を広めることをやめようとしなかった。その法然の固い意思を引き継いだ弟子たちは、法然の死後も弾圧を受けつつ、いくつもの派に分裂しながらも信徒を増やし続けた。

室町時代になるころには天皇や公卿（最上位の貴族）の手厚い支援を受け、江戸時代には浄土宗の寺院である増上寺（東京都港区）が徳川将軍家の菩提寺となった。以後、現在に至るまで浄土宗は、日本の仏教において一大宗派を形成している。

> **豆知識**
>
> 念仏というと、阿弥陀如来への帰依を表明する「南無阿弥陀仏」がよく知られているが、ほかの仏への帰依を表明する「南無釈迦牟尼仏」「南無大聖不動明王」「南無観世音菩薩」といったさまざまな念仏が存在する。

日本の仏教の宗派③ 浄土教系(浄土真宗・時宗)

日本における浄土教はますます盛んになり、そこから新たな宗派も生まれていった。

🪷 浄土宗から生まれた宗派

　鎌倉時代にあたる13世紀、また新たな浄土教系の宗派が成立する。それが、親鸞を宗祖とする「浄土真宗」だ。

　9歳で出家し、天台宗の僧侶となった親鸞は比叡山で20年間修行を続けたが、悟りの境地に達することができなかった。そこで山を下り、浄土宗の宗祖である法然の弟子になることを決意。以後のおよそ5年間、師のもとで念仏の教えを受け、自身も「阿弥陀如来にすがり、念仏を唱えることだけが救済の道である」と確信を抱くようになる。

　それ以来、師の法然とともに親鸞は布教に専念し、師に連座して流罪となるが、流刑先でも布教を続け、罪が許されたのち東国(関東)をめぐって教えを広めた。その結果、親鸞には多くの弟子ができる。ただし、**親鸞は生涯にわたって法然の弟子であるという意識を持ち、新たな宗派を開くことはなかった。**しかし、親鸞の死後、東国の弟子たちを中心として、浄土真宗は形づくられていく。

🪷 阿弥陀如来を信じれば救われる

　浄土真宗と浄土宗では教義に共通している点が多いが、大きく異なる点もある。とくに浄土真宗の特徴である「信心為本」という考え方

があげられる。

法然は「**念仏を唱え、阿弥陀如来の力を頼れば誰でも救われる**」とした。これを「念仏為本」という。一方、親鸞は、念仏を唱えるのも大切だが、信仰心もないのに念仏を唱えても意味がなく、まず優先されるのは信仰心であり、「**本当に信仰心があるのならば、念仏を唱えなくても救われる**」**と説いた。**これが信心為本であり、浄土真宗の教えの根幹となっている。

生没年：1173～1263
生地：山城国（現在の京都府）
親鸞

また親鸞は、法然の思想をさらに進め、「他力」の重要性を強調した。他力とは、修行を積むことで極楽浄土に往生しようという「自力」とは反対に、阿弥陀如来の慈悲にすがることで往生しようとする姿勢のことだ。法然も他力の大切さを説いていたが、親鸞はそれ以上に重視したため、**浄土真宗では「本願他力」として教義の大きな柱の一つとなっている。**

もう一つ、**親鸞が法然の思想を受け継ぎ、発展させたものに「悪人正機」がある。**法然は「阿弥陀如来の慈悲は、どんな罪を犯した悪人も救う」と説いた一方、親鸞は「善人はみずから善行をして、自力で往生しようとするため、かえって他力の大切さに気づきにくい。悪人のほうが自力にこだわらないだけ、素直に他力にすがれる」とした。これが悪人正機だ。

ただ、注意しないといけないのが、ここでいう悪人とは、犯罪者という意味ではなく、煩悩を抱えた人間全般を指しているということだ。

そして**親鸞は僧侶の身でありながら、肉食妻帯を行っていた**（複数の子どももいた）。これは、戒律を守ることよりも信仰心を持つことこ

65

そが大切であると示すため、あえて親鸞は庶民が行っていること（肉食と妻帯）を実践したのだという。

この宗祖の姿勢を浄土真宗の僧侶は受け継いでおり、明治政府がすべての僧侶の肉食妻帯を認める前から、浄土真宗の僧侶たちは肉食妻帯を行っていた。

信じていなくても誰でも救われる

鎌倉時代には、浄土真宗とは別の浄土教系の宗派が成立する。一遍を宗祖とする「時宗」だ。

一遍は幼いころに出家して浄土宗を学んでいたが、一時期、僧侶の身分を捨て、妻子を得た。だが、33歳のとき、阿弥陀如来の慈悲にすがるほか救われる道はないと悟り、再び出家。そして、1274年に妻子も財産も手放し、「南無阿弥陀仏決定往生六十万人」（阿弥陀仏によって、すべての人が往生し、安楽の世界に行ける）と書かれた札を全国に配る旅に出発した。

ほぼ半裸の姿で一遍は布教の旅をし、その範囲は北は現在の東北地方から、南は現在の九州にまでおよび、その間、踊りながら念仏を唱えていた（踊り念仏）。そしてそのまま旅先で倒れ、死去した。自身をきびしく律したことから、「捨聖」とも呼ばれている。

そんな一遍が全国をめぐりながら人々に説いたのが、**「阿弥陀如来を信じていなくても、南無阿弥陀仏と唱えるだけで救われる」**という教えだった。つまり、信仰心はなくてもよいというのだ。

生没年：1239〜1289
生地：伊予国（現在の愛媛県）

一遍

ただ、念仏を唱えればよいというのは、「阿弥陀如来を信じ、念仏を唱えれば救われる」と説いた法然よりも、「阿弥陀如来を心から信仰していれば救われる」と説いた親鸞よりも、民衆にとってわかりやすい教えだった。

踊り念仏

そして一遍の死後、弟子たちは師の教えを後世に伝えるため、時宗という新たな宗派を形成していった。時宗という名称は、その信徒が1日を6つの時間に分け、念仏を唱えたり礼拝をしたりしていたことから時衆と呼ばれたことに由来する。

ちなみに、12〜13世紀に成立した、融通念佛宗（ゆうずうねんぶつしゅう）、浄土宗、浄土真宗、時宗の4つの宗派を総称して「浄土系四宗」ともいう。

宗派名	融通念佛宗	浄土宗	浄土真宗	時宗
宗祖	良忍	法然	親鸞	一遍
総本山（所在）	大念仏寺（だいねんぶつじ）（大阪府大阪市）	知恩院（ちおんいん）（京都府京都市）	総本山は存在せず、各派ごとに本山が存在する	清浄光寺（しょうじょうこうじ）（神奈川県藤沢市）
教義・特徴	融通念仏	専修念仏／一念往生／念仏為本	信心為本／本願他力／悪人正機	踊り念仏

浄土教系の宗派

> **豆知識**
>
> 踊り念仏は、平安中期の僧侶であり、市聖（いちのひじり）とも呼ばれる空也（くうや）が始めたとされる。一遍はこれを取り入れ、太鼓（たいこ）や鉦（かね）をたたきながら踊り、念仏を唱えた。この踊り念仏は、盆踊りのルーツとされるほか、能や狂言にも影響を与えた。

15日目 日本の仏教の宗派④ 禅宗系(臨済宗・曹洞宗・黄檗宗)

禅によって悟りを目指す宗派が日本で独自に発展し、支配者層から民衆にまで幅広く受け入れられる。

達磨が宗祖の宗派

鎌倉時代には、"禅"に重きを置いた禅宗系の宗派が成立し、念仏を重視する浄土教系の宗派と並んで、日本の仏教の二つの大きな流れとなっていく。この時期に成立した禅宗系の宗派が、**栄西を宗祖とする臨済宗**と、**道元を宗祖とする曹洞宗**だ。

そもそも禅とは、仏陀が生まれる前からインドに存在した精神統一法を源流とし、仏陀がその精神統一法の一つである坐禅をしながら悟りを開いたことで、仏教に取り入れられていった。

禅は6世紀ごろに当時のインドから中国に伝わったが、中国でも当初は仏教全般における修行方法という位置づけだった。そこへ、インド出身で中国に滞在していた**僧侶の達磨**が、正しい坐禅や、思想をつけ加えるなど独自に発展させ成立したのが禅宗だ。

この禅宗の教えの根本を4つの語句で表した「四聖句」と呼ばれるも

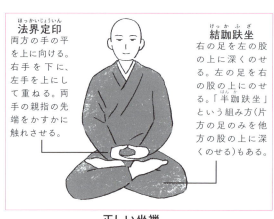

法界定印
両方の手の平を上に向ける。右手を下に、左手を上にして重ねる。両手の親指の先端をかすかに触れさせる。

結跏趺坐
右の足を左の股の上に深くのせる。左の足を右の股の上にのせる。「半跏趺坐」という組み方(片方の足のみを他方の股の上に深くのせる)もある。

正しい坐禅

のがある。悟りの境地は文字や言葉で伝えられないとする「不立文字」、悟りは心から心へ伝わるとする「教外別伝」、何ものにも執着せず、自分の心を見つめようとする「直指人心」、自分のなかの仏性に気づけば悟りを開けるとする「見性成仏」の4つである。

　禅自体は7世紀ごろに日本へ伝わり、天台宗では重視された。だが、それから長い間、日本では禅に特化した宗派は存在しなかった。そんな状況のなか、日本に禅宗を最初に定着させたのが、栄西である。

坐禅を組みながら問答する

　天台宗の僧侶だった栄西は28歳のとき、中国王朝の宋（南宋）に留学し、そこで禅宗と出会い、興味をひかれた。とはいえ、この時点では禅の神髄を会得できず帰国する。47歳のときに再び南宋へ渡り、臨済宗（中国に存在した禅宗の5つの宗派の一つ）の禅を会得した。

　そして、日本に禅を広めることを決意した栄西は、帰国すると、次々と禅寺を建て、禅の普及に尽力。その活動はやがて、鎌倉幕府から手厚い支援を受け、栄西は1202年に建仁寺（京都府京都市東区）を建立した。この年が、日本の臨済宗の開宗の年とされている。以後、栄西の開いた日本の臨済宗は主に中央の支配者層に支持されながら、中国の臨済宗とは異なる日本独自の宗派となっていった。

　ところで、**臨済宗の禅では坐禅を組むとき、師から出される「公案」と呼ばれる問題を解くことが重視されている。**この問答をしながら坐禅を組むことを「看話禅」という。公案は難解なものばかりで、決まっ

生没年：1141～1215
生地：備中国（現在の岡山県）

栄西

た正解はなく、個々人が自分の体験から導き出された解答をしなければいけないとされている。

❀ ただ黙ってひたすら坐禅を組む

　曹洞宗の源流も中国にあるが、日本で独自に発展した宗派である。宗祖の道元は、もともと天台宗の僧侶だったが、その天台宗で学んだ「人は誰しも生まれながらに仏である」という教えに悩んでいた。「それならば、何のために修行はあるのか」という疑問を抱いたのだ。

　だが、24歳のときに南宋に渡り、ひたすら黙って坐禅を組み続ける曹洞宗（中国に存在した禅宗の5つの宗派の一つ）の「黙照禅」を学んだことで道元の悩みは解決する。たどり着いた解答は、「坐禅（修行）は仏になるためのものではなく、坐禅（修行）そのものが仏である。**悟りを開くという目的を忘れ、ただ坐禅を組めばよい」というものだった。これを「只管打坐」**という。

　1227年に帰国した道元は、中国で学んできた曹洞宗の禅と、自身の思想を広めるべく布教活動を始めた。これが日本の曹洞宗のはじまりである。

　ただ、道元は坐禅以外のあらゆる修行法を認めず、念仏すら否定したため、既存の仏教界からはげしい弾圧を受けた。その結果、京都を追放され、越前国（現在の福井県北部）に移ることを余儀なくされる。ところが、京都を離れたことで、道元の曹洞宗は地方の豪族や下級武士、さらには一般民衆へと広まっていった。

生没年：1200～1253
生地：山城国（現在の京都府）
道元

🪷 中国様式の日本の禅宗

　江戸時代になり、日本に３つ目の禅宗が成立する。1654年に中国から来た隠元隆琦（55ページ参照）を宗祖とする黄檗宗だ。

　隠元隆琦は中国の臨済宗の僧侶で、来日すると、本場の禅を学ぼうと多くの僧侶や学者が彼のもとを訪れた。その数は、一説に数千人にもおよんだという。京都の土地を寄進された隠元隆琦は、そこに寺院を建て、臨済正宗を開いた。この「正宗」には、独自の発展を遂げた日本の臨済宗とは違い、「自分たちが正統な臨済宗である」という意味が込められている。

　しかし、この名称は日本の臨済宗との間に軋轢を生んだため、のちに臨済正宗は黄檗宗と名を改め、以後、日本の臨済宗とは完全に別の宗派となった。そんな黄檗宗の特徴は、**禅宗でありながら精神統一の手段として念仏も取り入れている**ことだ。これを「念仏禅」という。

宗派名	臨済宗	曹洞宗		黄檗宗
宗祖 （出身）	栄西 （日本）	道元 （日本）		隠元隆琦 （中国）
総本山 （所在）	大本山は存在せず、 宗派ごとに 本山が存在する	永平寺 （福井県永平寺町）	總持寺 （神奈川県横浜市）	萬福寺 （京都府宇治市）
教義・ 特徴	四聖句／公案／看話禅	只管打坐／黙照禅		念仏禅

日本の禅宗の宗派

豆知識

黄檗宗では念仏を唱える際、「ナムアミダブツ」ではなく、「ナミオミトーフ」と中国語の発音で口にする。また、黄檗宗では僧侶の服装や寺院の建築様式などもすべて中国の様式にならっている。

16日目 日本の仏教の宗派⑤ 日蓮宗

法華経を唯一の経典とする、
浄土教系とも禅宗系ともまったく異なる宗派が成立する。

「南無妙法蓮華経」と唱える

　鎌倉時代に成立した宗派のなかでも、特異な存在感を放っているのが日蓮を宗祖とする日蓮宗だ。ほかの鎌倉仏教との相違点は、大きく次の３点となる。

　一つ目は、浄土教系の宗派が「南無阿弥陀仏」という念仏を唱えることを重視したのに対し、日蓮宗は「法華経の教えに帰依する」という意味を持つ「南無妙法蓮華経」という法華経（30ページ参照）の題目を唱えることに重きを置いた点だ。法華経の正式名称は「妙法蓮華経」といい、「白蓮華（白い蓮の花）のように最もすぐれた正しい教え」などという意味を持つ。さまざまな色の蓮の花が極楽浄土で咲き、そのなかでも白蓮華は、清らかな仏の心を表すとされ、重視されている。その名を冠した法華経は無数にある経典のなかでも、「諸経の王」と呼ばれるほど、書かれている教えがすぐれているとされる。

　二つ目は、鎌倉仏教の各宗派が基本的に個人の救済を目指したのに対し、日蓮宗は国家の救済を重視している点だ。

生没年：1222～1282
生地：安房国（現在の千葉県）

日蓮

そして３つ目は、ほかの宗派以上に宗祖のカリスマ性に依っている点だ。**日本の仏教宗派のなかで、日本人の宗祖の名前が宗派名となっているのは、この日蓮宗だけ**である。もともと日蓮宗は「法華宗」という名称だったが、法華経を尊ぶ天台宗が天台法華宗と呼ばれることもあったため、日蓮法華宗として区別されていた。それが明治初期、仏教界の統制をはかる新政府の要請により、以来、日蓮宗と名乗るようになったのだ。

日蓮はもともと天台宗の僧侶だったが、しだいに３つの疑問を抱くようになった。それは「人は死んだあと、本当に極楽浄土に行けるのか」「仏教を手厚く保護し、信仰していたはずの朝廷が、なぜ武士たち（鎌倉幕府）に敗れたのか」「本来、仏陀の教えは一つのはずなのに、なぜさまざまな宗派があるのか」の３つである。

その疑問の答えを求めて、日蓮は日本各地の寺院をめぐり、各宗派の教えを学んだ。その結果、**法華経を信仰すれば、すべて解決する**という結論にたどり着く。法華経を信仰すれば必ず極楽浄土に行くことができ、朝廷は法華経への信仰が足りなかったから武士に敗れた。また、法華経を中心に置かない他宗派はすべて間違っていると、日蓮は確信したのである。

こうして法華経への絶対帰依の境地に至った日蓮は、1253年からその教えを広めはじめた。この年が、日蓮宗の開宗の年とされる。日蓮の熱心な布教活動はたくさんの人々の心をとらえ、信徒は増えていった。だが同時に、**法華経を重視しない他宗派をはげしく批判した**ため、既存の宗派から猛烈な反発を受けることとなる。

さらに日蓮は、国家を救うためとして『立正安国論』を著し、幕府に提出した。このなかで幕府が法華経に帰依するようはたらきかけ、

16日目

日本の仏教の宗派⑤　日蓮宗

73

法然を批判する。これを知った浄土宗の信徒は日蓮を襲撃し、幕府も政治批判とみなし、日蓮を伊豆国（現在の伊豆半島）に流罪とした。

その後も日蓮は生涯を通じて何度も流罪となり、他宗派の信徒からの襲撃もやむことはなく、困難な一生を送った。なかでも、とくにきびしかった弾圧は「四大法難」と呼ばれている。

それでも、日蓮の法華経への信仰の姿勢は一度もゆらぐことはなく、他宗派の批判もやめなかった。日蓮は、生きているうちに悟りの境地が開いて仏になれるという「現世利益」を説いており、とくに商人や職人の間で受け入れられたほか、その強烈な生き様にひかれたのか、信徒は増え続ける。

日蓮の死後、その宗派はさまざまな派に分裂しながらも発展し、現在に至っている。多数の信徒を抱える新興宗教である顕正会と創価学会は、日蓮宗系である。

法華経だけが唯一正しい経典

日蓮は法華経だけが唯一の正しい仏陀の教えであるとしたが、そのことを「五義」（五綱）という理論で説明している。この五義は「教」「機」「時」「国」「序」の5つの規範で構成されている。

「教」とは、法華経はほかの経典とくらべて、最もすぐれた内容を持っているということだ。「機」とは、教えを受ける人の能力のことで、日蓮は法華経ならばどんな能力の人も救うことができるとした。

「時」と「国」は文字どおり、教えが広められるべき時代と場所のことで、日蓮は末法の世と考えられていた鎌倉時代の日本でこそ、法華経が力を発揮するとした。最後の「序」は順番のことで、日本に仏教が広まっていった過程を踏まえ、ついに法華経の教えを広める順番

が回ってきたという意味である。

そんな法華経では、次の3つの思想が説かれている。一つ目は、悟りに至る道は一つしかないとする「一乗妙法」（妙法一乗）。正しい修行を積めば誰でも救われるという意味だ。

二つ目は「久遠実成」。仏陀は遠い過去から何度も姿を変えてこの世に現れ、永遠に生き続けて人々を救うという意味である。

3つ目の「菩薩行」は、自身の悟りのためではなく、自分以外の多くの人々を救うために修行すべきという意味だ。

一乗妙法、久遠実成、菩薩行の3つは、日蓮宗の根本教義として、日蓮宗系の各宗派でも、基本的には共有されている。

ちなみに、日蓮が最初に属していた天台宗も、法華経を一番すぐれた経典と位置づけている。だが、天台宗は法華経以外にも、教義に禅や密教、戒律などを取り込んでいる点で異なり、それゆえ日蓮は天台宗を離れ、独自の宗派を開いたのである。

法華経の位置づけ

> **豆知識**
>
> 『立正安国論』のなかで日蓮は、「外国が近いうちに攻めてくる」と警告していた。その十数年後、中国王朝の元（モンゴル帝国の一部）が、実際に日本へ攻めてきた（蒙古襲来または元寇）。

16日目　日本の仏教の宗派⑤　日蓮宗

17日目 まだまだ知りたい 仏教の素朴な疑問②

一向一揆やお遍路さん、日本史に名を残す悪僧など、
気になる疑問にそれぞれ答える。

西の本願寺の成立

　室町時代後期から戦国時代にかけて、「一向宗」と呼ばれた仏教宗派、
およびその門徒（浄土真宗の信徒の呼称）による一揆が多くの戦国大名
を悩ませたことはよく知られている。それが「一向一揆」である。

　一向宗とは浄土真宗、とくにそのなかの一派である本願寺教団を指
していう言葉だ。**一向とは「ひたすら」という意味**で、ひたすら念仏
を唱えることに専念したことから、このような呼称がついた。ただこ
れは、他宗派が浄土真宗、または本願寺教団を指すものであり、当人
たちは自分たちの宗派をそのようには呼んでいなかった。

　一向一揆は、税（年貢）のきびしい取り立てなど、領主の統治に不
満を持つ僧侶や武士、農民、商工業者といった門徒が、本願寺教団の
号令のもとに団結し、引き起こした。**一揆の勢力が広がっていくにつ
れ、本願寺教団は戦国大名を上回る影響力を持つようになる。**

　これに対して戦国大名は反発を強め、各地で一向宗の禁止令が出さ
れた。ことに一向宗を徹底的に弾圧したのが、織田信長である。一向
宗のほうも本願寺教団の指導者である顕如が、石山本願寺（のちにそ
の跡地には豊臣秀吉により大坂城が築かれる）に立てこもり、全国の門徒
に指示を出しながら信長に徹底抗戦した。

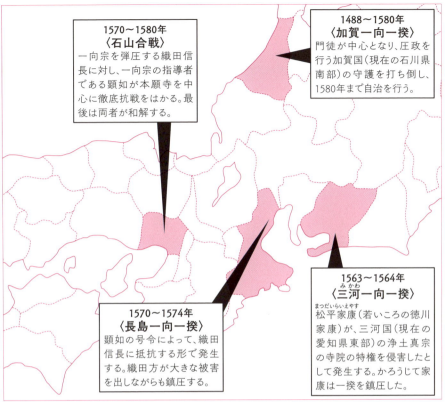

戦国時代の主な一向一揆

　石山合戦と呼ばれるこの戦いは10年間続いたが、一向宗は徐々に劣勢となっていく。そのうち、石山本願寺のなかでは、信長との和睦を主張する顕如および、その三男・准如と、徹底抗戦を主張する顕如の長男である教如の間で対立が生じた。

　結局、本願寺教団は石山本願寺を信長に明け渡すことを決断するが、このときの対立がもとで、江戸時代に入ると、**教団は准如を指導者とする派と、教如を指導者とする派に分裂してしまう。前者はのちに「浄土真宗本願寺派」を、後者は「真宗大谷派」を名乗る**こととなる。

　浄土真宗本願寺派の本山の「西本願寺」（正式名称は龍谷山本願寺）、真宗大谷派の本山の「東本願寺」（正式名称は真宗本廟）とも、京都府

京都市下京区内に位置し、西本願寺の本山から見て東に位置することから、真宗大谷派の本山は東本願寺と呼ばれる。

両派はともに浄土真宗の一派であるため、教義の基本的な部分は共通している。だが、合掌する際の数珠のかけ方や仏壇の様式など、細かな点は異なる。また、南無阿弥陀仏と念仏を唱えるときも、浄土真宗本願寺派が「なもあみだぶつ」と読むのに対し、真宗大谷派は「なむあみだぶつ」と読むといった違いもある。

🪷 四国で霊場をめぐる目的

真言宗の宗祖である空海が修行していたとされる場所（四国八十八ヶ所の霊場）をめぐることを「お遍路」といい、それを行う人は「お遍路さん」と呼ばれる。お遍路さんは白衣をまとい、菅笠をかぶるなど独特な服装をしているため、ひと目見てわかる。

四国八十八ヶ所の霊場をめぐる人は、基本的には四国中にある寺院を回って、一つひとつの寺院に札（納め札）を納めていく。そして、**すべてをめぐり終えると、煩悩が消え、願いがかなうとされている。**

通常、すべてを徒歩でめぐった場合、1カ月半ほどかかるが、現在は自動車や自転車を使う人もおり、それでも問題はないとされる。

ちなみに、日本国内の仏教聖地の巡礼としては四国八十八ヶ所が最も有名だが、浄土宗の宗祖の足跡をたどる「法然上人二十五霊場」や、浄土真宗の宗祖の足跡をたどる「親鸞聖人二十四輩」など、さまざまな種類がある。

お遍路での服装

🌸 "悪僧"とされる人物

　戒律を破ったり、道徳に反した行いをしたりした僧侶は「悪僧」や「破戒僧」などと呼ばれる。日本の歴史上、最も悪僧として名高いのが、8世紀、奈良時代の僧侶である道鏡だ。若いころに法相宗（56ページ参照）の師のもとで学び、きびしい修行を経て、仏教への深い知見を身につけ、医学や薬学にも通じていたという。

　道鏡は女性の孝謙上皇（のちの称徳天皇）が病気になった際、懸命に看病したことをきっかけに寵愛を受けるようになる。その結果、太政大臣禅師や法王という特別な地位を得て、朝廷で権力をふるう。

　さらには、宇佐八幡宮（現在の大分県宇佐市）で「道鏡を天皇の位に就ければ、天下は泰平になる」という神託が下されたとされ、道鏡が天皇の地位を得る動きが活発化する。しかし、神託は偽りとされ、道鏡が天皇となることはなかった（宇佐八幡宮神託事件）。称徳天皇の死後、道鏡は東国（関東）に左遷され、その地で生涯を終えた。

　このように、**天皇家とは血縁関係のない者が天皇の地位に就こうとしたということから、道鏡は悪僧とされている**のだ。ただ、道鏡自身には天皇になるつもりはなく、道鏡を愛する孝謙上皇の独断行動だったという説をはじめ、さまざまな考えが存在する。

生没年：700 ?～772
生地：河内国（現在の大阪府）

道鏡

豆知識
本山の正式名称などからもわかるように、「龍谷」と名のつく学校は西本願寺の系列に属し、「大谷」と名のつく学校は東本願寺の系列に属している。

17日目　まだまだ知りたい仏教の素朴な疑問②

18日目

七堂伽藍と呼ばれる
寺院の主な建物群

山門や本堂、五重塔など、寺院にある
さまざまな建築物には、それぞれ存在する理由がある。

🪷 寺院の建築物の総称

　寺院の境内にどのような建築物があるかは、寺院の規模によって異なるものの、**ほとんどの寺院にあるのが、「山門」「本堂」「庫裡」の3つだ。**

　山門とは、俗世間である外界と聖なる空間である寺院との境界であり、「三門」ともいう。門らしい門がない寺院もあるが、その場合は石が置かれるなど、観念上の門が必ず設置されている。たとえ平地に建つ寺院であっても寺院の名称の前に「〇〇山」（山号）をつけて呼ばれる。たとえば、京都の金閣寺は北山鹿苑寺、銀閣寺は東山慈照寺が正式名称だ。昔は、山中に寺院が建立されることが多く、そういった寺院が山の名前を寺院の名称の一部としたことが起源となっている。本堂が本尊（寺院において信仰や祈りの対象となる仏像など）をまつる建物であり、庫裡は僧侶の住居兼寺務所だ。

　この山門、本堂、庫裡が寺院の基本的な建築物となるが、大きな寺院ともなると、三重塔や五重塔といった「仏塔」、鐘を打つ「鐘楼」、法事や説法を行う「講堂」などが加わる。これら**寺院の建物群のことをひとくくりに「伽藍」という。**伽藍は「僧伽藍摩」を略したもので、サンスクリット語（29ページ参照）で「僧侶が集まり、修行をする場」

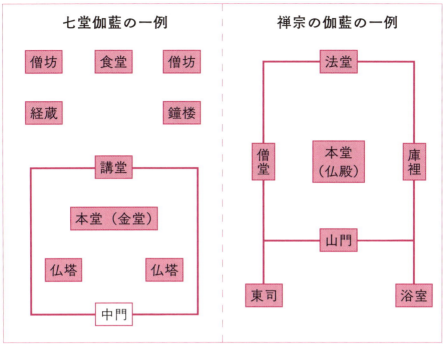

七堂伽藍の配置

を意味する「サンガラーマ」の音を漢字にしたものである。そして、**7つの主要な建物を備えた状態を「七堂伽藍」という。**

　その7つとは、一般的には本堂（金堂）、仏塔、講堂、鐘楼、経蔵、僧坊、食堂を指すことが多い。「経蔵」は経典を収蔵している建物、「僧坊」は僧侶が暮らしている建物、「食堂」は僧侶が食事をとるための建物だ。ただ、禅宗では少し異なり、本堂（仏殿）、山門（三門）、僧堂、庫裡、法堂、浴室、東司（西浄）が七堂伽藍とされるのが一般的だ。「僧堂」は僧侶が集団生活を行いながら修行にはげむ場、「法堂」は講堂の禅宗での呼び方、「東司」（西浄）は便所のことである。

　もっとも、7つの建物の組み合わせは、宗派や時代、地域によってかなり差があり、また単純に数多くの建物を擁する大寺院を、七堂伽藍と呼ぶこともめずらしくない。

🪷 時代によって変わった伽藍の配置

　寺院における伽藍の配置は時代によってさまざまだ。仏教が伝来した初期である７世紀初頭に建立された寺院は、山門（南大門）、仏塔、本堂（金堂）が一直線上に並んでいるのが特徴だ。山門をくぐってすぐに目に入るのは仏塔であり、当時はこれが寺院の中心だったことがわかる。このような様式を四天王寺式ともいう。

　しかし、しだいに本堂の役割が大きくなってくると、山門をくぐると、目の前に本堂と仏塔が並んで建っているような配置の寺院が増えた。これを法隆寺式ともいう。

　なお、大半の禅宗の寺院は仏塔を建てないため、山門、本堂（仏殿）、法堂が一直線上に並んでいる場合がほとんどだ。そもそも伽藍に、正しい配置は存在しない。

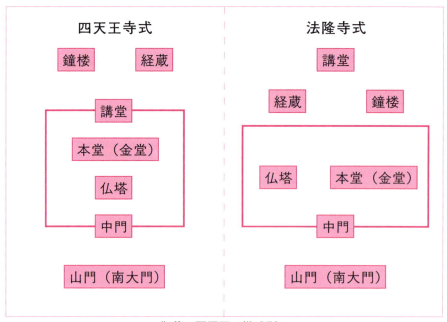

伽藍の配置図＜様式別＞

🪷 五重塔は仏陀の墓？

　ところで、大半の寺院にある**仏塔は、"仏陀の墓"という意味合いを持つ**。仏陀の死後、仏舎利と呼ばれるその遺骨がインド全土に分散し、各地で土を饅頭のように盛り上げた墓（ストゥーパ）に納められ、まつられた。これが仏塔の起源だ。墓石の後ろに立てられる卒塔婆という呼称は、このストゥーパからきている。

　その習慣がアジア各地でも広まると、石材や木材などで立派な塔が建てられるようになり、中国や日本では、三重塔や五重塔がつくられるようになったのである。

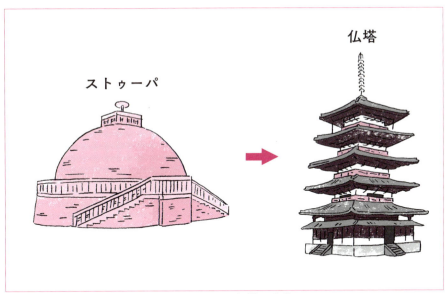

ストゥーパから仏塔に変化

豆知識

死者の成仏を願って家族らが祈る際（追善供養）、墓石のある敷地内の空きスペースなどに卒塔婆は立てられる。ただし、浄土真宗では、死者はすぐ成仏するという考えから追善供養は行われないため、卒塔婆も設置されない。

19日目 寺院の1年と僧侶の1日

仏教では毎月のように行事がある。現代の僧侶たちはそれらをこなしながら、日々の勤めも果たしている。

🪷 日本の仏教の年中行事

多くの宗教では1年を通して、さまざまな記念日や、その宗教にとっての特別な期間が複数設けられている。日本の仏教の場合は、基本的には次のようなカレンダーだ。

1月1～3日にかけては「修正会(しゅしょうえ)」がある。前年を反省するとともに、新年の天下泰平(てんかたいへい)（平和な世の中）、五穀豊穣(ごこくほうじょう)などを祈る法会(ほうえ)が日本各地の寺院で行われる。期間は寺院によっても異なっている。

2月15日は、「涅槃会(ねはんえ)」だ。この日に仏陀(ぶっだ)が死去したと伝えられており、仏陀の法要が大々的に行われる。もっとも、仏陀が実際に死去した日は不明で、後世の中国で2月15日と定まり、それが日本でも踏襲(とうしゅう)されている。寺院によっては3月15日に行うところも存在する。

3月20日前後は、「春彼岸会(はるひがんえ)」だ。いわゆる、「春のお彼岸」である。春分の日を節目として、先祖や死者

月日	行事
1月1～3日	修正会
2月15日 (3月15日)	涅槃会
3月20日 前後	春彼岸会 (春のお彼岸)
4月8日	仏生会 (灌仏会)
7月10日	四万六千日
8月13～ 16日	盂蘭盆会 (お盆)
9月23日 前後	秋彼岸会 (秋のお彼岸)
12月8日	成道会

主な年間行事

の冥福を祈る。

　4月8日は「仏生会」。「灌仏会」や「花祭り」とも呼ばれる。この日に仏陀が誕生したと伝えられており、それを祝って誕生仏（仏陀が生まれた際の姿をかたどった仏像で、右手が天を指し、左手は地を指す）に甘茶をかけたり、甘茶がふるまわれたりする。甘茶は、仏陀の誕生時に天から降ってきたという甘露（甘い雨）がもとになっており、甘茶を飲むと、その年は無病息災で過ごせるとされている。

仏生会

　7月10日は「四万六千日」だ。観音菩薩の縁日で、この日にお参りをすると、4万6000日詣でたのと同じ効果があるとされているが、その由来は定かではない。

　8月13〜16日は「盂蘭盆会」である。いわゆる「お盆」だ。本来は餓鬼道や地獄道（いずれも24ページ参照）に落ちて苦しむ霊を供養する期間だが、現在は祖先の霊全般の冥福を祈る期間となっている。明治初期まで使用されていた旧暦と、現在使われている新暦の関係により、地域によっては7月15日前後をお盆とするところもある。

　9月23日前後は「秋彼岸会」だ。「春のお彼岸」と対になっている「秋のお彼岸」である。こちらは秋分の日を節目として、先祖や死者の冥福を祈願する。

　12月8日は「成道会」だ。伝承では、この日に仏陀が悟りを開いたとされ、各寺院ではそれを

成道会

19日目　寺院の1年と僧侶の1日

お彼岸とお盆の僧侶

祝って法要が行われる。

　1年のなかでもとくに重要とされているのが、仏陀にゆかりの深い記念日である涅槃会、仏生会、成道会だ。この3つを総称して、「三大法会」ともいう。

　ただ、僧侶が1年で最も忙しいのは、春秋のお彼岸と夏のお盆である。近年、都会ではあまり見られなくなったが、地方などでは今でもこの時期になると、僧侶が檀家を1軒1軒回り、読経を行う風習が続いているところもある。

　お彼岸とお盆はともに1週間程度であり、檀家が100軒あるとしたら、1日10軒以上を回る計算となる。そのため、分刻みのスケジュールだという。しかし、檀家を回れば、1軒につき、お布施やお車代として数千円から数万円が出るため、この時期は僧侶にとっては稼ぎ時でもある。

　また、寺院の規模などによっても違うが、一般的には、年末も僧侶にとってかなり忙しい時期だとされている。寺院は過去帳という、死去した檀家の法名、俗名（生前の名前）、命日、行年（死去したときの年齢）、喪主（死去した人の後継者）などをすべて記録したものを保存しており、年末になるとそれをチェックする。翌年に年忌法要（108ページ参照）がある人を確認しておく必要があるからだ。

早寝早起きの僧侶の1日

　僧侶の1日のスケジュールは、宗派や寺院の規模によっても異なる。さらに、寺院で集団生活を送りながら修行している若い僧侶と、寺院

を経営している僧侶でもまったく違ってくる。それでも、平均的な僧侶のおおよその1日のスケジュールを表すと、次のようになる。

朝は6時前に起床し、身支度を済ませたら寺院の門を開け、境内を掃除する。7時前には朝の勤行を始める。勤行とは、本堂でお経を読んだり、礼拝をしたりする儀式のことだ。ここまで終えてから、ようやく朝食となる。

そのあとのスケジュールは、葬式や通夜、年忌法要が入っているかどうかで大きく違う。葬式があれば、告別式で読経をし、出棺、火葬まで立ち会い、その都度、読経を行う。火葬後は基本的には遺族と食事をともにすることになるが、別の葬儀が入っていれば、急ぎそちらに向かう。

年忌法要があればとり行わなければならないし、夕方から通夜が入ることもある。通夜では、僧侶は最後の参列者が帰るまでいなければならず、自宅（寺院）にもどるのは夜9時過ぎになることもある。

一方、葬式などが入っていなければ、日中は檀家に年忌法要のお知らせを送ったり、経理などの事務仕事を片づけたりすることになる。1日中、寺院で過ごす場合は、午後4～5時ぐらいから夕方の勤行をし、そのあと夕食となる。通夜などで帰宅が遅くなったときは、帰宅後に勤行を行う。

こうして1日の勤めを終えると、次の日のことも考えて、夜10時くらいには就寝する僧侶が多いという。

豆知識

寺院を経営する僧侶には決まった休日はない。世間が休みである土曜や日曜は通夜や火葬が行われることが多いため、むしろ忙しい。そのため、休みをとりたい場合は、自分で休みの日を確保しなければならない。

19日目

寺院の1年と僧侶の1日

僧侶の婚姻と葬儀、そして金銭関係

一般の人からは見えづらい僧侶の生活に関わるあれこれ。
寺院の経営者として苦労することも。

婚活業界では人気の職業？

　仏教の戒律では本来、婚姻はおろか、異性とつきあうことも禁じられている。日本でも長い間、浄土真宗を除き、この戒律は守られていた。だが、明治維新後、僧侶の婚姻が政府によって解禁されると、僧侶が結婚することは普通のこととなった（51ページ参照）。そして、非婚化が進む近年、寺院の後継者問題から独身の僧侶には、親や檀家からの「早く結婚して、子どもを」という圧力が強いという。

　僧侶が結婚相手と出会う場はさまざまだ。学生時代の同級生と結婚する人もいれば、僧侶になったあとに出会った人と結婚する人もいる。また、会社勤めの際に結婚したが、僧侶である親が死去し、跡を継ぐために僧侶になったという人もいる。

　お見合いや結婚相談所において、僧侶は比較的人気の職業だという。職業柄、相手が"まじめ"という印象を抱くからだ。寺院の跡取り息子である場合、家と土地を持っていることもプラス材料といえる。加えて、僧侶には定年やリストラがない。

　ただ、寺院の規模によって経済格差が大きいため、僧侶と結婚したからといって、必ずしも安泰とは限らない。**檀家の減少にともない、経営の苦しい寺院が多いのが実情だ**。一方、檀家が数多くいて経営が

順調な寺院の場合、僧侶の妻は檀家とのつきあいをこなしていかなければならない。寺院の規模にかかわらず、僧侶に嫁ぐことは、ある程度の覚悟が必要といえるだろう。

遺族に負担の大きい僧侶の葬儀

僧侶も死去すれば、葬儀がとり行われる。当然、葬儀は仏式だ。だが、僧侶の葬儀は一般の人がとり行う仏式の葬儀とはかなり異なる。

具体的な葬儀のやり方は宗派によっても異なるが、全般的に僧侶の葬儀に共通する特徴は、同業者である僧侶の参列者が多いということ。故人である僧侶の位や寺院の規模にもよるが、**本山や同宗派の僧侶が100人以上参列することもめずらしくない。**

僧侶の葬儀

これが遺族にとって大きな負担となる。なぜなら、一般の人が葬儀に参加する際は香典を持っていくのが常識だが、僧侶の葬儀に際して僧侶は香典を持っていかないことが慣習となっているからだ。それどころか、葬儀に参列した僧侶に、喪主は出仕御礼やお車代、宿泊代などを渡すのが通例となっている。通常、香典は葬儀代の足しにされるが、それがないため、出費ばかりがかさむのである。

なお、一般の人が僧侶の葬儀に参列する場合、香典を持参するかどうかは宗派によって異なる。ただ、香典を断っている宗派でも、普段のつきあいにもよるが、各檀家に特別負担金として数万円を求める場合がある。

🪷 税金が優遇されている寺院経営

寺院の主な収入は、葬儀や年忌法要、お彼岸やお盆のときに檀家から受け取るお布施だ。**一般的には「檀家が400軒あれば、寺院の経営は成り立つ」という言われ方をする**こともある。

100軒の檀家で、年平均4回ほどの葬儀があるとされる。葬儀の際、僧侶に払うお布施は地域によっても異なるが、おおよそ50万円程度が相場だ。つまり、400軒の檀家があれば、葬儀だけで年間800万円ほどの収入となる。これに、年忌法要やお彼岸、お盆の際のお布施を加えると、収入は1000万円を超える。しかも、寺院は宗教法人法という法律によって、基本的に収入に税金がかからない。

なお、厚生労働省の「令和2年賃金構造基本統計調査」によれば、僧侶や神職などの宗教家の平均年収（男女）は525万1300円であり、民間全体の平均年収（男女）を上回っている。

とはいえ、実際の寺院経営はそれほど甘くはない。まず、そもそも400軒もの檀家のいる大寺院は少数であり、大半の寺院は檀家の減少に悩んでいる。そのため、**普段は会社員として働いたり、幼稚園や駐車場の経営などの副業をしたりして、寺院を維持している場合も多い。**

寺院にまつわる収入が基本的に非課税といっても、非課税の対象となるのは「宗教活動によって得た収入」に限られており、その区分はかなり細かいからだ。

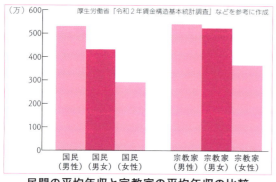

民間の平均年収と宗教家の平均年収の比較

たとえば、葬儀や法要でもらうお布施は、完全に宗教活動なので非課税だ。寺院で販売しているおみくじやお札、お守りなどによる収益も、宗教活動の一環とみなされるため非課税である。

しかし、お墓参りに来る人のために寺院で販売しているロウソクや線香などは一般の商店でもとりあつかっているため、これらの販売による収入は課税対象となってしまう。さらに、寺院が絵葉書やキーホルダー、カレンダーなどを販売した場合、これも宗教活動とはみなされず、その収入も課税対象となる。ほかにも、石材店などから紹介料を受け取った場合は、周旋業として収益事業に該当し、課税される。

ややこしいのが幼稚園の経営だ。宗教活動ではないものの、地域に貢献する公益性の高い事業ということから、入園料、入園検定料、施設設備料などの収入は課税対象にならない。だが、制服やノート、筆記用具などを販売した場合、その収入は収益事業に含まれるので課税対象となるのだ。

① 物品販売業	⑧ 運送業	⑮ 旅館業	㉒ 土石採取業	㉙ 医療保健業
② 不動産販売業	⑨ 倉庫業	⑯ 料理店業その他の飲食店業	㉓ 浴場業	㉚ 技芸教授業
③ 金銭貸付業	⑩ 請負業	⑰ 周旋業	㉔ 理容業	㉛ 駐車場業
④ 物品貸付業	⑪ 印刷業	⑱ 代理業	㉕ 美容業	㉜ 信用保証業
⑤ 不動産貸付業	⑫ 出版業	⑲ 仲立業	㉖ 興行業	㉝ 無体財産権の提供等を行う事業
⑥ 製造業	⑬ 写真業	⑳ 問屋業	㉗ 遊技所業	㉞ 労働者派遣業
⑦ 通信業	⑭ 席貸業	㉑ 鉱業	㉘ 遊覧所業	

収益事業とされる34事業

豆知識

寺院の主な出費として、修理をはじめとする寺院の維持費と、本山への上納金がある。これで、収入の半分ほどが消えるという。また、寺院に属する僧侶が給与制の場合、その収入には所得税がかかる。

仏の種類と仏像の見方

それまで漠然と鑑賞していた仏像も、その種類などがわかると、寺院を訪問したときの楽しさが増す。

仏は大きく分けて4種類

　阿弥陀如来や観音菩薩、不動明王、帝釈天など、仏教においては数多くの"仏"が信仰の対象となっている。だがじつは、もともと信仰の対象だったのは、開祖である仏陀だけだった。それが時代を経るにつれて種類が増え、それらも信仰の対象になっていったのである。

　仏は、**基本的に「如来」「菩薩」「明王」「天部」という階層に分けられ、如来が最上位、天部は最下位とされる。**

　如来とは、サンスクリット語で「真如より来たる者」、つまりは仏陀のことを指し、真如は「あるがままの姿」などさまざまな意味を持つ。代表的なのが、仏陀の別名である釈迦の名を冠した釈迦如来だ。ほかに、阿弥陀如来や大日如来、薬師如来など、さまざまな如来がいる。**厳密には"仏"というと、如来だけを指す。**

　菩薩とは「修行者」という意味で、まだ悟りは開いていないが、現世で仏を助けながら、人々を救うとされている存在だ。観音菩薩のほか、弥勒菩薩や文殊菩薩、普賢菩薩など、数多くの菩薩がいる。

　明王とは、インド発祥の宗教であるバラモン教（18ページ参照）やヒンドゥー教（20ページ参照）の神々が仏教に取り入れられたもので、仏教の教えのもと悪を討ち、人々に福をもたらす存在とされる。代表

的なのが、不動明王や愛染明王、孔雀明王などだ。

　天部も明王と同じく、バラモン教やヒンドゥー教の神々が仏教に取り入れられて成立した。天部は、貴顕天部と武人天部に分けられる。前者には、帝釈天や梵天、吉祥天、弁財天、鬼子母神などが該当する。後者には、毘沙門天、韋駄天、金剛力士、阿修羅、風神・雷神、十二神将などが含まれる。そのほかの有名どころとして、大黒天、閻魔王（閻魔大王）があげられる。

釈迦如来

釈迦如来は、仏陀が悟りを開いたときの姿を表している。阿弥陀如来は指で輪を形づくっている場合が多い。

弥勒菩薩

弥勒菩薩は天界で瞑想にふける姿（結跏趺坐）でよく表される。文殊菩薩は獅子に、普賢菩薩は白い象に乗った姿で表されることが多い。観音菩薩は千手観音や馬頭観音といった複数の変化した姿でも表される。

不動明王

険しい表情の不動明王は、右手には人々の煩悩などを断ち切る剣、左手には煩悩に惑う人々を縛り上げて正しい方向へと導く羂索という縄を持っている。憤怒の表情の愛染明王は、3つの目や6本の腕がある。慈愛に満ちた表情の孔雀明王は、羽を広げた孔雀の背に乗っている。

帝釈天

帝釈天は甲冑をまとい、独鈷杵という密教の法具（金剛杵の一種）を手に持ち、白い象に乗っていることがある。男の姿をした仏だけでなく、吉祥天や弁財天など女の姿をした仏もいる。

如来・菩薩・明王・天部の主な仏像

仏像の見分け方

　仏の姿を表現した像を仏像といい、ほとんどの寺院には何らかの仏像が安置されているが、見た目からその仏像が、如来なのか、菩薩なのか、明王なのか、天部なのかの判断が可能だ。

　如来は悟りを開いたあとの仏陀である。そのため、**出家者らしい粗末な服装をしていることが大半だ。**また、如来像の耳に穴が開いていることがあるが、これは仏陀が王族だったころに身につけていた耳飾りの名残りである。

　一方、菩薩像は悟りを開く前、王族だったころの仏陀をモデルにしている。そのため、**豪華な衣装や宝冠などのきらびやかな装身具を身につけているのが特徴だ。**ただ、例外もあり、地蔵菩薩は僧侶の姿をしており、観音菩薩が変化した姿の一つである馬頭観音はその名のとおり、馬の頭がのっている。

　明王は悪を討つ存在であるため、その像は髪の毛を逆立てた怒りの表情をしているのが特徴だ。手に剣などの武器を持っていたり、背後に火炎を背負っていたりすることも多い。ちなみに、菩薩像と明王像はともに顔や腕が複数ある姿で表されることもあるが、基本的な見分け方として、**温和な表情をしていれば菩薩像、おそろしげな表情をしていれば明王像だ。**

　天部像は、多種多様なインドの神々を模して成立しているため、その姿はバラエティに富んでいる。高貴な姿をしているものもあれば、武将のかっこうをしているもの、さらには、鳥や獣の姿をしているものもある。弁財天や吉祥天などの天部像は、女神らしい出で立ちをしている。

🪷 大仏についている突起物

私たちがよく知る、奈良の大仏（東大寺盧舎那仏）や鎌倉の大仏（阿弥陀如来坐像）などは如来像の一種だ。額に突起物があったり、頭髪が大量の丸い突起物で表現されていたりするなど、その姿にいくつかの特徴がある。如来像は先にも記したように、悟りを開いたあとの仏陀の外見がモデルとされている。

額の突起物は、白く長い毛を表したもので白毫という。それが、右巻きに丸まっているため、突起物のように見えるのだ。頭部の丸い突起物は螺髪という髪の毛で、こちらも右巻きになっているとされる。

ほかにも、足の裏が平ら、身長と両手を広げた長さが同じ、40本ある歯（一般的に人の歯の数は28〜32本）のすべてが白く清潔など、仏陀の外見的な特徴は32あるとされている。これらを**総称して「三十二相八十種好」**という。

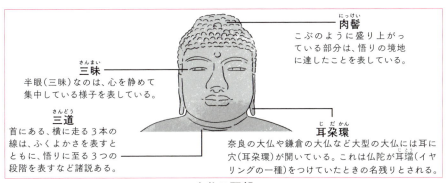

大仏の頭部

肉髻（にっけい）
こぶのように盛り上がっている部分は、悟りの境地に達したことを表している。

三昧（さんまい）
半眼（三昧）なのは、心を静めて集中している様子を表している。

三道（さんどう）
首にある、横に走る3本の線は、ふくよかさを表すとともに、悟りに至る3つの段階を表すなど諸説ある。

耳朶環（じだかん）
奈良の大仏や鎌倉の大仏など大型の大仏には耳に穴（耳朶環）が開いている。これは仏陀が耳璫（イヤリングの一種）をつけていたときの名残りとされる。

> **豆知識**
> 仏像における螺髪の個数は決まっておらず、たとえば、牛久大仏は480個、奈良の大仏は492個、鎌倉の大仏は656個となっている。白毫は如来像のほか、菩薩像にも見られるが、明王像と天部像にはない。

僧侶であるために欠かせない持ち物

僧侶がお勤めをするのに必要とするさまざまな道具。
意外な由来や宗教的な意味合いも紹介する。

紫色の袈裟は最高位の僧侶だけ

　僧侶が身につける衣服を「袈裟」という。「糞掃衣」という言い方をすることもある。袈裟はサンスクリット語の「カーシャーヤ」が語源で、「にごった色」などという意味だ。

　本来、僧侶は贅沢な私物を持つことが禁じられており、捨てられているボロ布や汚物をぬぐう布の端切れを拾い集め、縫い合わせて衣服としていたことに由来する。だが、時代を経るにつれ、きれいな布でつくられるようになっていった。

　袈裟の着こなしは、右肩は出し、左肩だけを覆うのが基本だ。これを「偏袒右肩」という。こうなったのは、利き手である右手をあらわにすることで敵意がないことを示すため、あるいはインドで左手が不浄なものとされることから隠すためなど、諸説ある。なお、両肩とも覆う着こなしは「通肩」という。

　日本の宗派（大乗仏教）の僧侶は、法衣を身につけ、その上に袈裟をまとうのが一般的だ。袈裟の色と模様はさまざまあるが、日本の各宗派では共通して、**紫色ないし緋色は、最高位の僧侶しか着られない**ことになっていた。とくに紫色の袈裟は「紫衣」と呼ばれ、江戸時代までは身につけるのに天皇の許可が必要とされていた。それ以外に、

輪になった布を首からぶら下げる、袈裟を簡略化した輪袈裟が存在する。輪袈裟は僧侶だけでなく、一般の信徒が墓参りや法会などに参加する際に身につけることもある。法衣の形状は、袖が大きくひだの多い正装用と、袖がシンプルな略装用の2種類がある。

これらは一般的な衣料店には売られていないため、専門店で購入したり、近年はカタログ通販やネットショップで買い入れたりする。

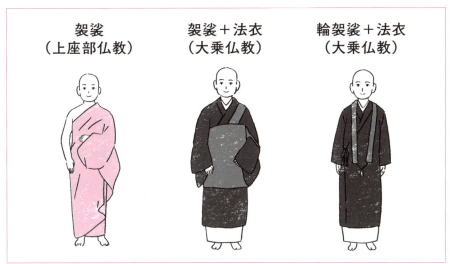

僧侶の主な服装

🪷 実用品から仏具になったもの

葬儀や法要のときに、僧侶がお経を唱えながら打ち鳴らす木製の仏具を「木魚」、あるいは「杢魚」という。この名称はズバリ、魚の形をしているためだ。なかは空洞になっていて、表面には魚の鱗の模様が彫られていることが多い。

かつて魚は眠らない生き物だと考えられていた。そこから「眠らずに修行しなさい」という意味を込めて、このような形状になったとされる。魚の背中（木魚）をたたくことで、煩悩をはき出させるという

さまざまな木魚

意味もあるとされている。

　木魚の原型は中国の禅宗で使われていた魚板（魚鼓）という仏具だ。これは魚の形をした板で、もとは時刻を知らせるために使用されていた。それがしだいに、立体的な形となっていき、その役割は、**修行中の僧侶が眠気覚ましのためにたたく**ものへと変化していった。そして、儀式にも使われるようになっていったのである。ただし、浄土真宗は不眠不休の象徴である木魚が教義（きびしい修行を課さない）に合わないとして使用せず、日蓮宗では代わりに木鉦が使われている。

　高位の僧侶が持っている仏具に「払子」がある。棒の先に毛の束がついたものだ。「白払」や「麈尾」ともいう。もとは、一切の殺生を禁じられている僧侶が虫などを払うために使われていた。つまり、実用品だったのである。それが、時代を経るにつれ、**「煩悩を払う」という意味合いを持つようになり、仏具となった**のだ。

🪷 僧侶が所持を許されている道具

　ところで、先にも紹介したように、もともと仏教では、僧侶が私物を持つことをきびしく制限していた。しかし、仏教が成立した当初、所持を許されたものがある。儀式用の僧伽梨（大衣）、日常用の鬱多羅僧（上衣）、作業用の安陀衣（中衣）の３種の衣服と、托鉢や食事に使

うための鉢だ。これを「三衣一鉢」という。

その後、だんだんと戒律がゆるめられ、制限があるとはいえ、僧侶に許される持ち物は増えていく。大乗仏教（34ページ参照）で僧侶が持つことを許されているのは、三衣と鉢に加え、座ったり寝たりするときに使う坐具、縄でつくった粗末な敷物である縄床、水を濾過する道具である漉水嚢、楊枝、澡豆（今でいう洗剤）、瓶、錫杖、香炉、手巾、刀子（小刀）、火燧（火打ち石）、鑷子（毛抜き）、経本、律本、仏像、菩薩像の18種類だ。これを「比丘十八物」という。なお、三衣がまとめて一つに数えられているため、厳密には20種類となる。

上座部仏教（33ページ参照）で僧侶が持つことを許されているものはもっと少なく、13種類しかない。これは「十三資具衣」と呼ばれている。

もちろん、現代でも僧侶は比丘十八物を所持しているが、私たちと同様に、スマホや車・バイクも所有している。

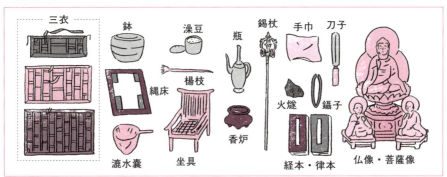

比丘十八物

豆知識

木魚には龍の彫刻が一般的には施されており、並彫、上彫、龍彫などがある。材質も楠や桑、欅などさまざまだ。決まった規格はなく、日本で一番大きい木魚は、北海道小樽市の龍徳寺のもので、直径1.35m、重さは330kgもする。

22日目 僧侶であるために欠かせない持ち物

仏壇の構成と多様な墓の形式

仏壇や墓は、日本の仏教と切っても切り離せない存在であり、それらの様式は宗派や地域によって異なる。

小型の寺院でもある「仏壇」

　仏壇とは、木製の箱の内部に本尊(ほんぞん)をはじめとする仏具などをまつったもののことである。もとは、寺院で本尊を安置する場所のことを指していた。だが、先祖供養(くよう)のため、その小型版として個人の家にもしだいに置かれるようになっていく。現在で仏壇といえば、個人の家にあるものを指すことのほうが一般的だ。寺院にあるものを「須弥壇(しゅみだん)」、個人の家にあるものを「御内仏(おないぶつ)」と言い分けることもある。

　小型の寺院そのものでもある仏壇には扉がついているが、これが寺院の山門（80ページ参照）にあたり、**華やかな装飾が施された本尊の置き場所は、寺院でいう本堂にあたる。**

　デザインや素材などから仏壇は、おおまかには唐木(からき)仏壇、金仏壇、家具調仏壇に分けることができる。唐木仏壇は、シタンやコクタン、タガヤサンなど唐木と呼ばれる木でつくられたものだ。金仏壇は、白木に漆(うるし)を塗り、金箔や金粉を施した仏壇である。家具調仏壇は、洋室などに置いても違和感がないよう外観が家具風にデザインされた仏壇である。都市型仏壇ともいう。

　どの種類の仏壇も基本的に内部は3段で構成されており、最上段に本尊が置かれることは共通している。ただ、それ以外の位牌(いはい)やお供え

物などの配置の仕方は、宗派によってかなり違う。

　仏壇の設置する方角も本来は宗派によって異なり、曹洞宗や臨済宗では本尊が南向きになるように置くのが、浄土宗や浄土真宗などでは仏壇を拝む人が西方浄土の方向を向けるように東向きに置くのが正しいとされている。また、その宗派の本山の方向に向かせて置くとする宗派もある。

　実際、昔は仏壇を置く位置を決めてから、家を建てることも少なくなかった。しかし、現代では仏壇をそこまで重視することは減り、**設置する方角にまでこだわる必要はないとされるのが一般的だ。**仏はどの方角にもいるので、仏壇をどちら向きに設置しても問題ないという考え方もある。

　なお、仏壇の価格は数万円から数百万円と幅広い。しかも、これは仏壇そのものだけの値段であり、中に配置する仏具一式は、別途買いそろえなければならない。

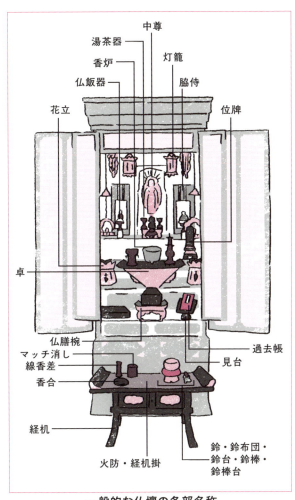

一般的な仏壇の各部名称

🪷 仏壇内に置かれる仏具

　仏具には、各宗派の本尊のほか、位牌、三具足（五具足）、仏飯器、過去帳、見台（過去帳台）などがある。

　位牌は、死者の戒名（106ページ参照）を記した木の板である。鎌倉時代に中国から伝わり、江戸時代に広まった。ただ、浄土真宗では位牌を用いず、法名軸という死亡年月日と法名（戒名）が記された掛け軸を飾る。

　三具足は、香炉、燭台、花立が一つずつで1組となった仏具のことだ。香炉一つと燭台一対、花立が一対の計5つで1組の場合は、五具足と呼ばれる。三具足や五具足の並べ方は決まっていて、三具足では、香炉を中央に置き、向かって左側に花立、右側に燭台を置く。五具足では、中央に香炉、その両側に燭台一対、両端に花立一対を置く。

　仏飯器は仏壇に供えるご飯専用の器である。供える米（仏飯）は炊き立てがよいとされ、自分たちが食事に困らず暮らしていけることを仏様やご先祖様に感謝する気持ちを表す意味がある。

　過去帳は、亡くなった人の戒名、俗名（生前の名前）、死亡年月日、享年（数え年での年齢）などを記載した帳簿だ。見台（過去帳台）の上に置かれる。

　そのほか、鈴や経典を載せる経机などが置かれることも多く、また宗派ごとに置くべきとされるものがある場合もある。

🪷 地域によって異なる墓の形式

　仏壇の構成にさまざまな種類があるように、墓の形式も多様だ。まず、**大きくは「和型」「洋型」「デザイン墓石」に分けられる。**和

型は昔からある一般的な日本の墓だ。洋型はモダンなスタイルで、和型よりも墓石が低いため手入れがしやすい。デザイン墓石は、故人の想いや趣味などが反映された、一つひとつ形の異なる墓のことである。

どの形式の墓が正しいということはないが、やはり和型が仏式の墓の基本形となる。ただ、和型のなかにも、地域によってさまざまな形式が存在する。たとえば、「京都型」と呼ばれる墓は、墓石を少しずつ後ろにずらしながら積んでいくが、「大阪型」や「神戸型」と呼ばれる墓は、それぞれの石の中心に合わせて積んでいく。そして、その大阪型と神戸型でも、前者は水鉢を前に、香炉を後ろに設置するのに対し、後者はその反対であるなどの違いがある。

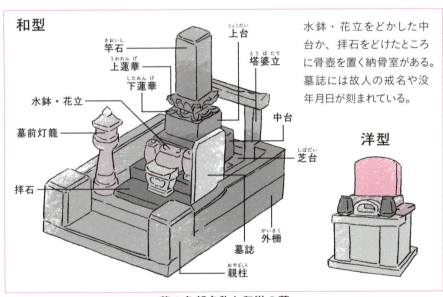

墓の各部名称と和洋の墓

> 水鉢・花立をどかした中台か、拝石をどけたところに骨壺を置く納骨室がある。墓誌には故人の戒名や没年月日が刻まれている。

豆知識

仏壇や墓に供える仏花には、菊が使われることが多い。これは、菊が日持ちする花だからだ。ただ、菊が1年中栽培できるようになったのは20世紀以降のことで、それ以前は季節ごとに咲く花が仏花として使われていた。

葬儀の流れと宗派ごとの作法

現代の日本人にとって、葬儀は最も仏教を身近に感じられる機会であり、その作法はおさえておきたい。

🪷 亡くなってから火葬まで

　仏式の葬儀の流れは、以下のようなものとなる。「葬儀」という言葉は、看取りから四十九日（108ページ参照）までの流れ全体を指して使われることもあれば、弔問客が焼香などをする儀式である、いわゆる葬儀そのものを指すこともある。また、葬儀と告別式を合わせて「葬式」という言い方をすることもある。ただ、明確に定まった使い方はないため、ここでは葬儀という言葉で統一する。

　人が亡くなると、まず親族が「末期の水」をとる。この行為は「死に水をとる」ともいう。**旅立つ故人ののどの渇きをいやす意味合いがあり、仏陀が死の際に水を欲したことに由来する。**

　次に「湯灌」を行い、「死化粧」を施す。それから、死装束と呼ばれる経帷子を遺体に着せる。死装束は冥土への旅支度を意味している。これらの作業は、本来は遺族がやることだが、現在は葬儀社が代行してくれることが大半だ。

　「納棺」までは、遺体を北枕か西枕にして布団の上に安置し、顔に白い布をかぶせ、手を組ませて数珠をかける。遺体の側には守り刀を置くことになっているが、カミソリやハサミで代用しても問題ない。**北枕は仏陀が死の際に頭を北に向けていたこと、西枕は顔を西に向け**

ていたことに由来する。

さらに遺体の枕元には、白い布を敷いた台の上に、香炉、燭台、花立の三具足、鈴、水などを置く「枕飾り」をつくる。その後、僧侶が読経を行い（枕経）、納棺となる。

納棺のあとは、通夜や葬儀などの日取りを決める。通夜は、仏陀の死をいたみ、その弟子らが7日間にわたり遺体を見守りながら、仏陀について語り合ったことが起源だ。そこから、故人について遺族らが一晩中語り合うことを目的としていた。だが、現代は1時間程度で済ませるのが普通だ。通夜でも、僧侶に読経してもらう。

翌日には葬儀・告別式となるが、葬儀と告別式をいっしょに行う場合と、別に行う場合がある。本来、葬儀は宗教的儀式であり、告別式は宗教色のない故人とのお別れ会に近いものだったが、近年は区別が曖昧になっており、まとめて行われることのほうが多い。

その宗教的儀式としての葬儀の一般的な流れは、開式後に僧侶による読経が始まり、僧侶が焼香を済ませると、弔辞・弔電が読み上げられ、参列者による焼香が行われて閉会となる。もし告別式が葬儀と別に行われる場合は、このあとから告別式が始まる。

末期の水
新品の筆や脱脂綿などで、遺族らが故人の唇をぬぐう。

↓

湯灌
故人の体をふいて清める（現世の穢れなどを洗い流す）。

↓

死化粧
故人の頭髪や表情、身だしなみを整えて化粧をする。

↓

納棺
遺族や親族らのもとで、故人を棺の中に納める。

↓

通夜
葬儀の前日に行われる。通夜の終了後、故人と最後の食事を行う、通夜振舞いが行われることも。

↓

葬儀・告別式
故人に別れを告げる。焼香や献花、出棺が行われる。

葬式までの主な流れ

葬儀・告別式のあとは出棺し、近親者が参列して火葬が行われる。火葬場に仮祭壇がつくられ、そこで僧侶の読経があったあとは、火葬が終わるまで休憩所で僧侶の法話などを聞いて待つこととなる。

　火葬が済んだ遺骨は、木や竹の箸を使い、2人1組で骨壺に納める。このとき、男性は左手、女性は右手で箸を持つのが決まりだ。

　そのあとは、僧侶や参列者に料理を出してお礼を述べる「精進落とし」が行われる。この席で、僧侶に戒名料やお布施などを渡す。

🪷 葬儀に欠かせない決まり事

　仏式の葬儀では、僧侶から「戒名」が授けられ、位牌にも刻まれる。日蓮宗では「法号」、浄土真宗では「法名」と呼び方は違う。戒名は、もとは出家したときに師から授けられる名前のことだった。だが、**出家していない者が亡くなったとき、浄土に行けないのではという配慮から、出家していない者にも死後つけられるようになった。**

　戒名を授けてもらうのは、枕経と通夜の間が一般的だが、四十九日まででも構わない。しかし戒名がないと、先祖代々の墓への納骨を断られるケースもあり、注意が必要だ。戒名の料金が僧侶から明確に示されることはないが、通常の相場は数万円から数十万円とされる。金額が高いほど、戒名に「院号」や「道号」と呼ばれる特別な称号がつく傾向がある。また、宗派によって戒名のつけ方は微妙に異なる。

　ところで、葬儀といえば、焼香がつきものだ。焼香によってたかれた香りは仏（死者）への供えの一種とされ、参列者の心身を清める意味もある。粉末状の抹香を、親指、人差し指、中指でつまみ、額の高さにおしいただいてから香炉のなかに落とすというのが基本のやり方である。**だが、宗派によって、抹香を落とす回数と額の高さにおしい**

| 遺影に向かって一礼する。 | 抹香を右手でつまむ。 | つまんだ右手を額の高さまでおしいただく。 | つまんでいる抹香を香炉の中へ落とす。 | 再度、遺影に向かって一礼する。 |

焼香の手順

ただく回数は異なる。

　臨済宗と曹洞宗は焼香を2回行い、1回目は額の高さにおしいただく。天台宗と真言宗はともに焼香を3回行うが、天台宗は額の高さに1回おしいただき、真言宗は1回もしくは3回ともおしいただく。浄土真宗は額の高さにおしいただかず、そのまま香炉に落とせばよく（本願寺派は1回、大谷派は2回）、浄土宗にはとくに決まりがない。日蓮宗は1～3回の焼香を行う。ただ、一般の参列者の場合、焼香が3回以内であれば、あまり気にする必要はない。

　焼香と同じように、仏式の葬儀に欠かせないのが数珠だ。数珠は念珠とも呼ばれ、小さい珠に糸を通して輪にした仏具である。正式な数珠である「本式数珠」の珠の数は108と定められているが、それよりも珠の数が少ない「略式数珠」もあり、宗派によって数珠の細かな形状と持ち方は異なる。とはいえ、葬儀に参列する際には、相手の宗派に合わせる必要はなく、**自身が属している宗派があるなら、その宗派の数珠を使っても問題ない。それに略式数珠ならば宗派は関係ない。**

> **豆知識**
> 焼香の起源は、高温多湿のインドにおいて、臭気を消すために香が焚かれる習慣があったことだとされている。それが、やがて香気によって仏前を清める宗教的な儀式として取り入れられていったというのが定説だ。

24日目　葬儀の流れと宗派ごとの作法

25日目

年忌法要と、 お盆・お彼岸

葬儀が終わったとしても、その後、何十年にもわたって、 故人にまつわる供養が続いていく。

🪷 四十九日は閻魔王らによる審判の日

　火葬が済んだあとも、仏教では亡くなった人への供養が続く。それを、「法要」という。法要は「法事」といわれることもあるが、厳密にいうと法事は仏教行事全般を指し、死者を供養する行事をとくに法要という。ただ、法要も法事に含まれるため、間違いではない。

　仏教ではまず、亡くなってから７日ごとの「中陰法要」が大事にされている。これは、生き物が死ぬと輪廻によって六道（24ページ参照）のいずれかで生まれ変わるが、**その審判が７日ごとに行われるという古代インドの考え方にもとづいたものだ。**

　亡くなってから７日目を初七日、14日目を二七日、21日目を三七日、49日目を四十九日、もしくは七七日という。この間、死者の魂は現世にも来世にもない状態にあり、この期間は中陰と呼ばれ、閻魔王（閻魔大王）らによって審判が下されるという。その際、**良い審判が下されることを願い、遺族は７日ごとに僧侶を呼んで、お経を読んでもらうなどの法要を行う**のである。

　ただ、実際には、葬儀のあと７日ごとに親族がそろって法要を行うのは困難なため、現在は初七日をくり上げて、葬儀と同時に済ませるのが大半だ。それ以外の中陰法要も、くり上げて行われることが多い。

しかし、来世にどの世界に行くかの最終審判が下る49日目だけは、現在でも特別に法要が行われることも少なくない。この49日目は、中陰が終わる日という意味で「満中陰」とも呼ばれている。

百箇日法要から百回忌まで

中陰法要が無事に終わり、亡くなってから100日目には「百箇日法要」が行われる。これは「卒哭忌」とも呼ばれ、**遺族にとっては、嘆き悲しむ"哭"という状態にひと区切りをつけ、日常にもどっていく節目の法要**となっている。

そして、満1年目の命日である「一周忌」、満2年目の「三回忌」と「年忌法要」が続く。なお、一周忌が過ぎると、臨終の日を1回目の命日としてカウントすることから"二周忌"は存在せず、一周忌の次は三回忌となる。

初七日から三回忌までは、閻魔王を含む冥界の王それぞれの裁きを受けるという。これは中国の十王信仰にもとづいたものだ。その審判は、49日までの7回と、百箇日法要、一周忌、三回忌で計10回となる。もとは道教や儒教への信仰から生まれたものだが、仏教行事として定着していった。

さらに、室町時代以降、日本では「七回忌」「十三回忌」「三十三回忌」も加えられるようになり、三十三回忌を終えて、ようやく「弔い上げ」となり、死者が成仏できるとされている。

三十三回忌が行われるのは亡くなってから満32年目であり、非常に長い年月、

一周忌	満1年目
三回忌	満2年目
七回忌	満6年目
十三回忌	満12年目
十七回忌	満16年目
二十三回忌	満22年目
二十七回忌	満26年目
三十三回忌	満32年目

主な年忌法要

法要が続くことになる。地域や宗派によっては、「三十七回忌」「五十回忌」「百回忌」と続く場合もある。百回忌で年忌法要は終わりとなる。

しかも、年忌法要を亡くなった親族ごとに行っていては際限がない。場合によっては、父親の七回忌と祖父の十三回忌を同じ年にやらなければいけないといったケースも出てくる。そうした場合は、年忌の若い法要の際に、ほかの親族の法要をまとめて行うこともできる。これを、「併修」という。百回忌ともなると、祖先全員のための法要という意味合いのほうが強くなる。

なお一般的に、四十九日までは「忌中」、50日目から一周忌の法要までは「喪中」と呼ばれ、故人をしのぶ期間とされる。その期間中は、結婚式などの祝い事、正月飾りをはじめとする正月の祝う行為、旅行、引っ越しなどは控えたほうがよいとされる。ただし、**死者はすぐに成仏するとされる浄土真宗においては、忌中と喪中という考えはない。**

お盆とお彼岸の風習

年忌法要のほかに、毎年、亡くなった月日に供養をする場合もある。人が亡くなった月日のことを「祥月命日」という。また、毎月の命日に故人を供養する場合もある。毎月の命日は「月命日」と呼ばれる。たとえば、人が3月15日に亡くなったとしたら、毎年3月15日が祥月命日で、毎月15日が月命日となる。ただ、祥月命日は月命日には数えられないことから、**月命日は年に11回ある**ことになる。

それ以外に、亡くなった人を供養する日としては、お盆と春秋のお彼岸がある。お盆は、餓鬼道（24ページ参照）に落ちた死者の魂を救う仏教行事（盂蘭盆会）に、中国発祥の宗教である道教の風習が融合してできたとされる。その風習とは、冥界を治める神の生誕祭（中元

＝旧暦の7月15日）から1カ月間、冥界から霊が解き放たれるというもので、その霊を供養するために人々はさまざまな行事を催していた。

それが日本では、祖先の霊を供養する行事として定着していった。日本では祖先の霊をまつる行事として催されているが、具体的な行事は地域や宗派によって異なる。

もともとお盆は、旧暦（太陰太陽暦）の7月15日に行われていた。だが、明治時代に入って新暦（太陽暦）が採用されると、新暦の7月15日は農繁期と重なってしまうため、**多くの地域で新暦8月15日にお盆を行うようになった。これを、「月遅れ盆」という。** ただ、新暦が採用されたあとも、そのまま7月15日に行っている地域もある。これを「旧盆」という。

春秋のお彼岸も、祖先の魂を供養する行事である。こちらも、具体的な行事は地域や宗派によって違う。お彼岸の風習は日本独自のもので、インドや中国には見られないことから、日本古来の祖先崇拝と仏教が融合して生まれたものだとされている。

春のお彼岸は春分の日を真ん中にした前後3日の1週間、秋のお彼岸は秋分の日を真ん中にした前後3日の1週間が、その期間である。

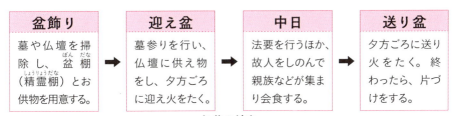

お盆の流れ

豆知識
「お中元」の風習は、お盆の成立にも影響を与えた中元が起源となっている。江戸時代の商人が、決算期になると、日ごろお世話になっている人々に贈り物をしていた風習が、現代まで伝わった。

26日目 アジア各地に残る仏教の世界遺産

「世界三大仏教遺跡」をはじめとし、仏教にまつわる世界遺産がアジア各地に数多くある。

ブッダガヤの大菩提寺

　長い歴史を持ち、アジア各地に広まっている仏教には歴史的建造物も多く、なかには世界遺産に登録されているものもある。ここでは、日本国外にある仏教関連の世界遺産をいくつか紹介する。

　仏教発祥の地であるインドの北東部にある「ブッダガヤの大菩提寺」は、**仏陀が悟りを開いたブッダガヤの地に立つ寺院である。**寺院としての正式名称はマハーボーディー寺院といい、紀元前3世紀ごろにインドで最初の統一王朝であるマウリヤ朝のアショーカ王が建立したと伝えられ、7世紀にはほぼ現在の形になったと考えられている。9層からなる、高さ約52mの大塔が特徴的で、2002年に世界遺産に登録された。

　ブッダガヤの大菩提寺は、仏教の四大聖地の一つにも数えられている。四大聖地は、どれも生前の仏陀と縁の深い土地だ。残る3つは、仏陀が生まれたネパール南部の「ルンビニー」、悟りを開いたあとの仏陀が初めて教えを説いたインド北部の「サールナート」、

ブッダガヤの大菩提寺

同じくインド北部にあり、仏陀が亡くなった地である「クシナガラ」だ。このうち、ルンビニーは世界遺産に登録されている。

🪷 ボロブドゥール寺院遺跡群

　インドネシアのジャワ島中部にある仏教寺院の石造遺跡群である「ボロブドゥール寺院遺跡群」も世界遺産であり、1991年に登録された。ボロブドゥール寺院遺跡群は、ボロブドゥール遺跡、ムンドゥット寺院、パウォン寺院の3つの建築物で構成されている。これらはすべて8〜9世紀、この地を支配していたシャイレーンドラ王朝によって建造された。東南アジアに広まったのは上座部仏教（33ページ参照）だったが、シャイレーンドラ王朝は大乗仏教（34ページ参照）を信仰していたため、3つの寺院はすべて大乗仏教のものである。

　ボロブドゥール遺跡は高さ42m（破損により現在は33.5m）の階段ピラミッド型で、これ全体でストゥーパ（仏塔）でもあるため、世界最大級のストゥーパとされている。回廊の表面には、仏陀の生涯や仏教の説話にもとづいた彫刻がすき間なく刻まれており、それを順番に見ながら**1段ずつ上層に上っていき、最上階に到達したとき、仏教の教えを理解できる仕組みになっている。**

　ムンドゥット寺院は、堂内に安置された3体の石造仏で有名だ。とくに中央の如来倚坐像は、その造形の美しさから評価が高い。パウォン寺院は小規模なため、ボロブドゥール遺跡の付属寺院だったと考えられているが、数多くの優美な浮彫りが施されていることか

ボロブドゥール寺院遺跡群

ら、「ジャワの宝石」とも称されている。

🪷 アンコール遺跡群

　カンボジアの北西部に位置する「アンコール遺跡群」は、9世紀初頭から約600年間同地を支配していたアンコール朝の都の遺跡である。考古学的に価値の高い仏教寺院遺跡がいくつも発見されており、1992年に世界遺産に登録された。

　大小700もあるとされる遺跡のなかでも、とくに有名なのは「アンコール・ワット」だ。東京ドーム約40個分、約200haもの面積を誇る、この巨大な建築物は、12世紀にヒンドゥー教の寺院として建てられたが、一度放棄されたのち、16世紀後半に上座部仏教の寺院に改修されたという経緯がある。もともとヒンドゥー教の寺院だったため、レリーフなどはヒンドゥー教神話にもとづいたものがほとんどだが、本堂となる中央の祠堂には4体の仏像がまつられている。

　17世紀前半には朱印船貿易を通じて日本人にもアンコール・ワットの存在は知られており、何人もの日本人が訪れている。そのとき、日本人が壁面に記した墨書が今も遺跡に残されていて、自分が日本のどこからきた者でアンコール・ワットを訪れた、という落書きのような内容だ。

アンコール・トムのバイヨン寺院

　もう一つ、アンコール遺跡群で有名な建築物は、12世紀後半に建設された**巨大な城塞都市遺跡である「アンコール・トム」**だ。なかでも、都市の中央に建つバイヨン寺院は広く知られている。

バイヨン寺院はアンコール・ワットとは反対に、最初は大乗仏教の寺院として建てられたが、のちにヒンドゥー教の寺院となった。寺院内には四面像が数多くあり、それらの像は観世音菩薩を表しているといわれているが、ヒンドゥー教の神だという説もある。

バガンのアーナンダ寺院

ミャンマー中央のマンダレーにある「バガン」は、2019年に世界遺産に登録された上座部仏教の仏教遺跡だ。11〜13世紀にかけて、ミャンマーで最初の王朝であるバガン王朝によって建造された。

バガンは、約40㎢の広大なエリアに寺院や仏塔が3000ほども林立しており、国民の8割以上が上座部仏教の信徒であるミャンマーでは、今も多くの仏教徒が参拝に訪れる聖地とされている。

バガンの数ある仏教建築のなかで、最も美しいといわれているのがアーナンダ寺院だ。同寺院の内部には、高さ約10mの黄金の仏像が4体、東西南北を向いて立っており、見る者を圧倒する。壁面には仏陀の生涯を表した多数の石仏が彫られている。

ここまで見てきたボロブドゥール寺院遺跡群、アンコール遺跡群、バガンは、「世界三大仏教遺跡」とも呼ばれている。

アーナンダ寺院の黄金の仏像

> 豆知識
>
> 17世紀当時の日本人は、アンコール・ワットは仏陀が説法を行った祇園精舎（実際はインド北部に位置する）であると思い込んでいた。そのため、江戸幕府の第3代将軍である徳川家光は部下に視察するよう命じている。

日本各地にある由緒正しい寺院

仏教伝来以降、日本中に無数の寺院が建立された。そのなかには1000年以上の歴史を誇るものもある。

🪷 蘇我馬子が創建した飛鳥寺

　日本に仏教が伝わってから、1500年近い年月が経っている。その間、戦乱や自然災害といった歴史の荒波を乗り越え、数多くの寺院が建立され、存続してきた。ここでは、そのいくつかを紹介する。

　奈良県高市郡明日香村にある飛鳥寺は、596年に豪族である蘇我馬子が創建した日本で最初の本格的な寺院だ。**現存する日本最古の寺院**とされており、現在は真言宗豊山派の寺院となっている。

　創建当時は現在の約20倍もの広さ（南北320m・東西210m）を誇り、仏塔を中心に、東、西、北に3つの金堂を配し、外側には回廊がめぐらされていた。また、朝鮮半島や中国からも多くの僧侶が飛鳥寺を訪れ、活発な国際交流の場ともなっていた。

　同寺に伝わる飛鳥大仏（釈迦如来像）は、609年に仏師の鞍作鳥によって造られたものであり、日本最古の仏像である。火災などによって、後世、大規模な補修を受けてはいるものの、安置されている場所は1400年前と変わらない。

🪷 聖徳太子に縁ある法隆寺

　奈良県生駒郡斑鳩町法隆寺山内にある法隆寺は、607年に聖徳太子

（厩戸王）と推古天皇によって創建された寺院である。聖徳太子の住居のあった斑鳩の地の西隣に建てられたことから、**創建当初は斑鳩寺と呼ばれていた。**聖徳太子と縁の深い寺院であり、現在は聖徳太子を宗祖とする聖徳宗の寺院となっている。

670年に火災で一度焼失したが、708年に再建され、このころにはすでに法隆寺という呼称となっていた。今も残る法隆寺の建造物は、この再建時のものと考えられている。つまり、約1300年前の建物が残っているということであり、**法隆寺は、世界最古の木造建築ともいわれている。**

そんな法隆寺の特徴は、「法隆寺式」と呼ばれる独特な建造物の配置の仕方だ。一般的な寺院とは逆になっており、中門を入ると西に五重塔、東に金堂が並んで建てられている。これは、7〜8世紀、飛鳥時代の寺院建築様式を伝える貴重な手がかりとなっている。

由緒正しい寺院だけあって、建築物や収蔵されている飛鳥・奈良時代の仏像、仏教工芸品は、国宝に指定されているものだけでも150点、重要文化財まで含めると約3000点にもなる。

ちなみに、聖徳太子を描いた最古の肖像画であり、紙幣の肖像にも使われている『聖徳太子二王子像』も、もとは法隆寺の所蔵品だった

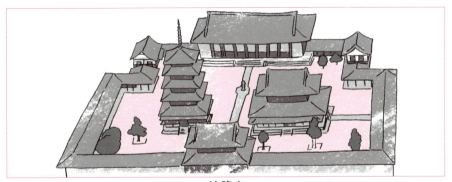

法隆寺

が、明治時代に皇室に献上された。

こうした極めて高い歴史的価値から、法隆寺は1993年に「法隆寺地域の仏教建造物」として、**日本で初めて世界遺産に登録された。**

🌸 高い舞台が有名な清水寺

京都府京都市東山区にある清水寺は、778年に創建された寺院である。京都にある寺院は、794年の平安京への遷都以降に建立されたものがほとんどであるため、それ以前に建立された清水寺は非常にめずらしい例といえる。1994年には「古都京都の文化財」の一角として、世界遺産にも登録された。

創建以来、清水寺は長い間、南都六宗の一つである法相宗の寺院だった。現在は、その法相宗から分かれた北法相宗の寺院となっている。

清水寺といえば、高い崖に突きだすような形で建造されている本堂に付属する舞台が有名だ。思い切って物事を決断することを「清水の舞台から飛び降りる」というが、その言葉のもととなったのが、この舞台である。

江戸時代までは病気の平癒などの願をかけて、この舞台から飛び降りる人が絶えなかったという。それでも、明治時代に舞台の欄干の周

清水の舞台

囲に柵が設置され、飛び降りることは禁止された。

　清水寺でもう一つ有名なのが、境内にある「音羽の滝」だ。創建以来、一度も涸れたことがないとされる清水は「金色水」や「延命水」とも呼ばれ、霊水とされている。

🪷 金色堂で知られる中尊寺

　岩手県西磐井郡平泉町にある中尊寺は、850年に天台宗の寺院として創建されたと伝えられている。だが、現在知られているような立派な寺院となったのは、12世紀初頭のことだ。奥州藤原氏の初代である藤原清衡が、釈迦如来像と多宝如来像を安置するための寺院を建立したのが、実質的な中尊寺の創建と考えられている。

　清衡が中尊寺を建立した目的は、前九年・後三年の役など、11世紀後半に東北で続いた**戦乱で命を落とした人の霊をなぐさめるとともに、平泉の地に平和な仏の国を創るため**であったとされる。しかし、奥州藤原氏滅亡後、中尊寺の建造物の多くは失われてしまった。

　それでも、金色堂、経蔵、金色堂覆堂などは残り、創建当時の姿を今に伝えている。とくに、**堂の内外に金箔を押してある金色堂**の壮麗さは圧巻だ。

　歴史的価値から、中尊寺は「平泉－仏国土（浄土）を表す建築・庭園及び考古学的遺跡群－」の一つとして、2011年に世界遺産に登録された。

豆知識

地上から清水の舞台までの高さはおよそ13mで、ビルの4階程度に相当する。江戸時代の記録によれば、実際に、清水の舞台から飛び降りた人のうち、8割以上は命が助かったとされている。

27
日目

日本各地にある由緒正しい寺院

28日目 日常に溶け込んだ仏教の用語

私たちが日常で使っている言葉のなかには、じつは仏教の用語や教えに由来する表現も多い。

⚘ ありふれた言葉も仏教用語

仏教は長い年月をかけて日本の文化として定着していった。その間に、仏教の用語が日常生活に溶け込み、言葉として成立したケースは多い。

たとえば、風邪を引いたときに出る「くしゃみ」。これは、サンスクリット語で「長寿」を意味する「クンサメ」からきた言葉である。あるとき、仏陀が風邪を引いてくしゃみをした。すると、弟子たちは師の体調を気づかって「クンサメ」と唱えたという。この伝説から、日本語の「くしゃみ」という言葉が生まれたのだ。

あるいは、人と会ったときにする「挨拶」は、禅宗からきた言葉である。禅宗では、師匠と弟子が教えの理解を高めたり、悟りの深さを試したりするために問答をすることを「挨拶」という。それが転じて、人と会ったときに交わす言葉という意味で、この表現は使われるようになった。

「大丈夫」という言葉も仏教からきている。日常では「問題ありません」という意味で使われてい

「くしゃみ」の成立

るが、「大丈夫」は本来、仏教において「偉大な人」という意味である。そこから、「偉大な人」→「何があっても安心」→「問題ない」と意味が広がり、現在のような使われ方になったのだ。

「人に隠して、秘密にする」という意味の「ないしょ」という言葉は、本来は「内証」と書き、「自分の心のなかの悟りによって、仏教の真理をつかむ」という意味の仏教用語だった。だが、心のなかのことを人に正確に伝えるのは難しいため、しだいに「秘密」という意味で使われるようになっていったのである。

仏教由来の用語はまだまだある。建物の出入口を意味する「玄関」は、「玄妙（奥深く微妙）な仏の道に入るための関門」という仏教用語からきている。

重い物を持ち上げたり、腰を下ろしたりするときに口から出る「どっこいしょ」は、山伏たちが「六根清浄」と唱えながら修行したことに由来している。「六根」とは、眼、耳、鼻、舌、身の５つの器官による五感に、心にあたる意を加えた、人間の感覚すべてのことだ。この６つから生まれる煩悩を断ち切り、清らかになるという意味で、山伏

用語	内容	用語	内容
ありがとう	「人として生まれることは有難し（滅多にない）」という意味が、感謝を表す言葉に転じた。	億劫	「気が遠くなるほどの時間」を表す言葉が、「（あまりに長く）気が進まない」という意味に転じた。
覚悟	本来は「迷いを捨てて道理を悟る」という意味だったが、心の準備をするといった意味に転じた。	我慢	慢は「（自身の）心のおごり」のことで、我慢は「他者を軽んじる」という意味だったが、現在のような意味に転じた。
超○○	もとは「完全な悟りを得たこと」を表す言葉だったが、現在使われるような意味が定着した。	不思議	もとは「不可思議」といい、人間が言い表したり、おしはかったりすることのできないことを指す。

よく耳にする仏教由来の用語

121

たちは「六根清浄」と唱えたのである。

「嘘も方便」といった使われ方をする「方便」は、日常の日本語では「目的を達するための都合のいい手段」という意味になっているが、もとは、「仏が多くの人を救うための、さまざまな方法」や「悟りに近づくための、さまざまな方法」という意味を持つ仏教用語だ。現在、「方便」という表現は、あまりいい意味では使われないが、本来は良い意味を表す言葉なのである。

仏教から生まれた四字熟語

四字熟語のなかにも、仏教に由来するものが少なくない。

苦労が多いことを意味する「四苦八苦」。これは、仏教で人の苦しみの根本にあるとされる生・老・病・死の4つの苦しみを「四苦」といい、それに「愛別離苦」（愛する者と別れる苦しみ）、「怨憎会苦」（憎む者と出会う苦しみ）、「求不得苦」（求めても得られない苦しみ）、「五陰盛苦」（心身の苦しみ）を足したものを「八苦」ということから生まれた四字熟語だ。

悲惨な状態に陥って泣き叫ぶことを「阿鼻叫喚」というが、これは仏教で伝えられている阿鼻地獄と叫喚地獄の二つ（25ページ参照）を合わせたぐらい悲惨という意味である。

「以心伝心」は「何も言わなくても意志が通じ合っている」という意味の四字熟語である。これは、師と弟子の間で心が通じ合い、真理が伝授されることを指す仏教用語だ。

現在では「他人任せ」という意味で、「他力本願」という四字熟語がよく使われるが、本来の意味は、「阿弥陀如来は慈悲の力でみんなを救いたいと願っている」というものだ。つまり、意味がまったく違っ

てしまっているのである。

　意味が違うという点では、「とんでもないこと」という否定の意味で使われることの多い「言語道断」も、もともとは「言葉にできないほど深い真理」という意味の仏教用語だ。

🪷 仏教にまつわる「ことわざ」

　仏教用語からきているわけではないが、ことわざのなかにも仏教と深く関係しているものが、いくつもある。

　「坊主憎けりゃ袈裟まで憎い」は、「相手が憎いあまりに、着けているものまで憎らしく思う」という意味で、「罪を憎んで人を憎まず」の反対のことわざである。「仏の顔も三度」は、「仏のように穏やかな性格の人も、３回も同じ迷惑をかければ怒り出す」という意味だ。

用語	内容	用語	内容
足を洗う	素足で外へ修行に出かけた僧侶が、寺院に帰ってきてよごれた足を洗い、俗世の煩悩を洗って清めた行為から転じた。	有頂天になる	仏教の世界観では、天は何層にも分かれ、その頂点に位置する天がもとになり「得意の絶頂にある」という意味に転じた。
往生際が悪い	「臨終の際でも正しい信仰心を持てない」ことが、追いつめられても非を認めない様を表す意味に転じた。	図に乗る	もとは「お経（の転調）をうまく唱えること」で、うまくいくことを意味したが、調子に乗るという意味で使われる。
火の車	現世で悪事をおかした亡者が、地獄に連れて行かれる際に乗せられる車（火車）で、亡者はひどく苦しむ様から転じた。	冥利に尽きる	冥利とは「知らないうちに神仏から受けている恩恵」のことで、その立場に幸せを感じる意味に転じた。

よく耳にする仏教由来の慣用句

> **豆知識**
>
> 人が死ぬことを「おだぶつ」といい、物が壊れることを「おしゃかになる」という。漢字で表すと、前者は「お陀仏」、後者は「お釈迦」となる。どちらも人が死ぬと仏になるという仏教の教えから連想されて生まれた言葉だ。

29日目 仏教にまつわる植物と動物

仏教には、その教義や歴史などから、とくに重視されている植物と動物がいくつかある。

🪷 仏教で特別視されている植物

　仏像が蓮の花の形をした台座の上に乗り、仏壇に蓮の花が彫刻されているのを目にしたことがある人は多いだろう。これは、仏教において蓮が極楽浄土を象徴する特別な植物とされているためだ。

　ハス科の多年生水生植物である蓮は、そもそも古代インドの神話において神聖な植物とされていた。それが**仏教に取り入れられ、極楽浄土の象徴となった**のである。また、泥水から生えていながら美しい花を咲かせる蓮は、俗世のなかにいても清らかな心を保って修行し、**悟りを開くという仏教の教えも表している**。

　ほかにも、フタバガキ科の常緑高木である**沙羅双樹は仏陀が亡くなったとき、その周囲に生えていた**ことで有名だ。そして、仏陀が息を引き取った瞬間、一斉に花を咲かせたのも束の間、すべて枯れてしまったと伝えられている。ちなみに、この植物はヒンドゥー語で「サール」と呼ばれている。日本語の植物名である沙羅双樹の「沙羅」はそこからきている。

沙羅双樹

　菩提樹は、**仏陀がこの樹の下で瞑想を行い、悟りを開いたことで知られている**。菩

提樹という名称は、仏陀の別名である「ボーディ」から採られたものだ。「仏陀の樹」で菩提樹ということである。

ただ、菩提樹と呼ばれる植物は2種類ある。一つはインド原産のクワ科イチジク属の常緑高木、もう一つは中国原産のアオイ科シナノキ属の落葉高木だ。クワ科のほうはインドボダイジュ、アオイ科のほうはシナボダイジュとも呼ばれている。当然、仏陀がその下で悟りを開いたのは、インドボダイジュのほうだ。

菩提樹

だが、インドボダイジュは寒さに弱く、中国や日本ではなかなか育たなかった。そこで中国や日本ではインドボダイジュに葉の形が似ているアオイ科の植物を菩提樹と呼ぶようになったのである。

さらにもう一つ、仏教と深い関連のある植物が、マメ科の常緑高木である無憂樹だ。**仏陀の母親であるマーヤー夫人が、この樹の下で仏陀を生んだと伝えられている。**非常に安産で、苦しむことがまったくなかったため、このような名前がつけられた。

なお、この無憂樹と、悟りを開いたときの菩提樹、亡くなったときの沙羅双樹は、**仏陀の生涯に深く関わっているため「仏教の三大聖木」（三大聖樹）とも呼ばれている。**この三大聖木に、仏陀がその木陰で説法を行ったり、野宿をしたりしたと伝えられているマンゴーと、中国で高貴な植物とされ、寺院などに植えられた槐を加えて、「仏教五木」と呼ばれることもある。

無憂樹

29日目 仏教にまつわる植物と動物

🪷 仏教と深く関係した動物

植物だけでなく、仏教と関わりが深い動物もたくさんいる。**とくに神聖な動物とされているのが象だ。**次のような伝説が残されているためである。

六牙白象

仏陀が生まれる前、その母であるマーヤー夫人は天から6本の牙を持った白い象が降りてきて、自分の脇腹に入る夢を見た。その直後、マーヤー夫人は、自分が仏陀を身ごもったことを知ったという。白い象は仏陀の誕生を告げる、天からの使いだったということだ。

また、普賢菩薩は6本の牙の白い象（六牙白象）に乗っているとされる。ほかにも、象の忍耐強さをたたえ、仏教徒も他者からの批判に我慢強く耐えなければいけないと説かれている。

象と並んで、仏教で大切にされている動物が鹿だ。仏陀は悟りを開いたあと、鹿が多くいる林園（鹿野苑）に向かった。そして、そこで最初の説法を行ったが、その説法を聞いたのは、昔の修行仲間であった5人の僧侶と、数多くの鹿だったとされている。つまり、**仏教が始まった瞬間に立ち会った動物が鹿である**ことから、特別視されているのだ。

仏陀と鹿野苑の鹿

ところで、日本では昔から

29日目 仏教にまつわる植物と動物

「仏・法・僧」（ブッポウソウ）という声で鳴く鳥がいるとされていた。その鳥の正体はなかなかわからなかったが、しだいにこの鳥がそうだろうと目星がついたため、その鳥にブッポウソウという名前がつけられ、のちに学名にもなった。それが、ブッポウソウ目ブッポウソウ科の鳥であるブッポウソウだ。

ブッポウソウ

しかし、研究が進むうち、実際のブッポウソウは「ゲッゲッゲッ」とにごった声でしか鳴かないことが判明する。そして、本当に「ブッポウソウ」と鳴いていたのは、フクロウ目フクロウ科のコノハズクという鳥であることも明らかになった。それでも、すでにつけられた学名は変えられないため、ブッポウソウの名前は現在もそのままだ。

ここまで見てきた動物のほかにも、仏教のたとえ話でよく出てくるのが、馬と猿である。たとえば、「意馬心猿」という言葉が仏教にあるが、これは馬が走り回ったり、猿が騒いだりするのを抑え込むのが難しいように、「煩悩によって心が乱れるのを防ぐのは難しい」という意味である。

また、「どんなに良いことを言い聞かせても、価値が理解されないので無駄に終わる」という意味の「馬の耳に念仏」といったことわざや、「仏教の教えを理解できない人の心は猿のように騒がしい」という意味の「難化の人の心は猿猴のごとし」といった言い回しもある。

豆知識

仏陀の生誕を祝う花祭りで、白い象を模した造形物を見かけることがある。この白い象は雨を表す存在とされており、五穀豊穣（豊作）を象徴する動物として、仏教では神聖視されている。

まだまだ知りたい仏教の素朴な疑問③

僧侶になる方法や、尼僧、そして僧侶の階級など、僧侶にまつわる素朴な疑問に答える。

僧侶になるためには

　僧侶になる方法は国によって異なり、日本国内に限っても宗派によって違っている。もっとも、日本で僧侶になるのに、**とくに国家資格などは必要ない**という点は共通している。各宗派や寺院が単独でそれぞれ認定しており、いわゆる民間資格というカテゴリーになるのだ。

　日本で僧侶になる場合、一番早いのは、自分が入りたいと思う宗派で師匠となる僧侶（師僧）を見つけて弟子入りし、「得度」という儀式を受けることだ。得度とは、髪を剃って僧侶としての名前（法名）を得ることで、仏道への入門を許可してもらうための儀式である。

　しかし、一般の人がいきなり師僧を見つけて弟子入りするのは困難であり、僧侶となるには仏教に関するひと通りの知識が求められる。そのため、僧侶を目指す人は、まずは仏教系の大学の僧侶を育成する専門学科に進むケースが多い。そうした学科に入れば、経典の読み方やサンスクリット語、仏教の歴史などを体系的に学ぶことができる。なお、僧侶を育成する学校は四年制大学だけでなく、短期大学や専門学校などもある。

　ただ、各学校の宗派の確認はしておく必要がある。たとえば、浄土宗の僧侶になりたいのに、真言宗系の学校に入っても仕方がないとい

うことだ。仏教系の学校に入った場合、学校のほうで師僧を探してくれて、在学中、あるいは卒業後に得度を受けられるという点がメリットとしてあげられる。

しかし、学校に入った場合でも、学校に入らず自分で師僧を見つけて弟子入りした場合でも、ほとんどの宗派では得度を受けただけでは正式な僧侶とは認められず、**各宗派の本山などできびしい修行を受けなければいけない決まりとなっている。**

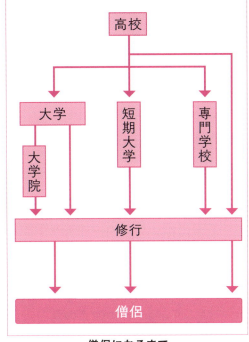

僧侶になるまで

修行の内容や期間は宗派によって異なるが、基本的に朝早く起きてお勤めをしたり、動物性の食材が一切使われていない精進料理だけを食べたりしながら、スマホも使えない環境で集団生活を送る。この修行に耐えられず、僧侶になることをあきらめる人も多いという。

無事、修行を終えると、晴れて寺院で僧侶として働くことができる。実家が寺院の人はそこに帰って働くことが大半だが、もちろん自分で就職先となる寺院を探して働くことも可能だ。

🪷 仏教設立時からいた女性の僧侶

女性の僧侶のことを「尼僧」といい、親しみを込めて「尼さん」と呼ばれることもある。また、出家して托鉢する女性の修行者を表すサ

ンスクリット語をもとにして「比丘尼」という呼び方もされる（男性の修行者は「比丘」）。

尼僧は仏教の成立当初から存在しており、最初の尼僧は仏陀の叔母で養母でもあった摩訶波闍波提をはじめとする、釈迦族の500人の女性たちであったと伝えられている。そのなかには、仏陀の元妻である耶輸陀羅などもいた。

仏陀は当初、摩訶波闍波提の出家を許そうとしなかったが、その熱意に押されて認めたともいわれている。ただし、出家を認める代わりに、尼僧には、男性の僧侶よりも多くの戒律が課せられたという。

尼僧の姿

じつは、**日本に仏教が伝わってきた初期から尼僧はいた。**日本で最初の尼僧とされているのが、善信尼、恵善尼、禅蔵尼の3人である。彼女たちが出家したのは584年のことで、蘇我馬子が仏教を広める手立ての一つとして、日本にも尼僧を誕生させたともいわれている。その後8世紀には、聖武天皇が尼僧のための寺院である国分尼寺を全国に建立させている。

平安時代には尼僧が正式な僧侶と認められない時期もあったが、鎌倉時代以降は、再び尼僧の存在が認められ、とくに鎌倉と京都にある5つの尼寺は格の高い尼寺とされ、前者を「鎌倉尼五山」、後者を「京都尼五山」という。

明治時代になって尼僧の結婚も許されるようになり、夫を持つ尼僧も現れた。だが、男性の僧侶の多くが妻帯している一方、尼僧は結婚していない人が多いという。

宗派で異なる階級

もともと仏教では僧侶の階級というものは存在せず、先に出家した者が先輩として敬われるという程度であった。とはいえ、日本では国が仏教を管理していた時代が長かったため、**「僧階」と呼ばれる階級がつくられ、はっきりとした上下関係ができた。**

各宗派によって僧階の数や各階級の名称は異なっているが、最高位を大僧正とする宗派が多い。なかには、そうではない宗派もあり、浄土真宗などがそうだ（下図を参照）。さらに、同じ真言宗でも、高野山真言宗と豊山派では階級数が違ったりもする。

この僧階は、僧侶としての経験年数やその宗派への貢献度などで上がっていく仕組みとなっている。

なお、僧侶は「住職」とも呼ばれるが、正式には「住持職」といい、その寺院の管理を任されている役職の名称である。そのため、一つの寺院には1人しか住職はいない。

天台宗／ 日蓮宗	曹洞宗	浄土宗	浄土真宗 （本願寺派）
大僧正	大教正	大僧正	顕座
権大僧正	権大教正	正僧正	親座
僧正	大教師	大僧都	直座
権僧正	権大教師	僧都	特座
大僧都	正教師	少僧都	正座

※上位の1〜5階級まで

代表的な宗派の僧階

豆知識

僧侶のことをひとまとめに「和尚さま（さん）」と呼んでいるかもしれない。ただ、「おしょう」は浄土宗や禅宗の僧侶を指した呼称であるため、「僧侶さま（さん）」「お坊さま（さん）」と呼ぶのが無難といえる。

30日目

まだまだ知りたい仏教の素朴な疑問③

仏教に関する年表

本書に登場するさまざまなできごとのなかから、とくに押さえておきたいできごとについて時系列で紹介しています。

【世界】

年代	できごと
紀元前6世紀ごろ	仏陀が悟りを開き、仏教が創始される。
紀元前3世紀ごろ	初期の仏教教団が上座部と大衆部に分裂する。 東南アジアに上座部が伝わる。
紀元前1世紀ごろ	大乗仏教が成立する。
1世紀	中国に仏教が伝わる。
4世紀	インドで、大乗仏教のなかから密教が成立する。
6世紀	達磨が中国に禅を伝える。
645年	玄奘がインドから大量の経典を中国に持ち帰る。
8世紀	チベットに密教が伝わる。 インドで仏教が衰退しはじめる。

【日本】

年代	できごと
538年	朝鮮半島の百済から日本に仏教が伝えられる（諸説あり）。
587年	崇仏派の蘇我氏と、排仏派の物部氏の争いである「丁未の乱」が起こり、蘇我氏が勝利。以後、仏教が日本に広まっていく。
596年	現存する日本最古の寺院である飛鳥寺を、蘇我馬子が創建する。
741年	聖武天皇が全国各地に国分僧寺と国分尼寺の建立を命じる。

年代	できごと
752年	東大寺盧舎那仏（奈良の大仏）が完成し、開眼供養会が行われる。
806年	最澄が天台宗を開く。
823年	空海が真言宗を開く（諸説あり）。
1052年	この年、末法の世がはじまったと信じられる。
1117年	良忍が「融通念仏」に目覚める。これがのちに、融通念佛宗となる。
1175年	法然が浄土宗を開く。
1201年	のちに浄土真宗の宗祖となる親鸞が法然の弟子になる。
1202年	栄西が日本の臨済宗を開く。
1227年	道元が日本の曹洞宗を開く。
1253年	日蓮が日蓮宗を開く。
1274年	一遍が全国に念仏を広める旅に出る。これがのちに、時宗となる。
1654年	中国出身の僧侶である隠元隆琦が日本で黄檗宗を開く。
1868年	明治新政府が「神仏分離令」を発すると、全国で寺院や仏像が破壊される「廃仏毀釈運動」が起こる。

【日本史上の有名な僧侶】

❶ 宗純（そうじゅん）…… 室町時代の臨済宗の高僧。戒律にとらわれなかった。「一休宗純」や「一休さん」という名でも知られる。

❷ 雪舟（せっしゅう）…… 室町時代の臨済宗の僧侶だが、画家として有名。

❸ 蓮如（れんにょ）…… 室町時代の浄土真宗の僧侶で、本願寺中興の祖。

❹ 天海（てんかい）…… 江戸時代、徳川家康のブレーンを務めた天台宗の高僧。

❺ 沢庵（たくあん）…… 江戸時代の臨済宗の僧侶で、沢庵漬けの考案者。

仏像の楽しみ方①

寺院などを訪れた際、安置されている仏像の手はそれぞれ違うポーズをしています。これを「印相(印契)」といって、さまざまな種類が存在し、それぞれに意味があります。下記は主な印相です。

施無畏印（右手）・与願印（左手）

施無畏印は「おそれる必要はない」、与願印は「願いを聞き届ける」という意味で、両印がセットの場合が多い。

定印

心を静かに集中する様子（仏陀が悟りを開く様子）を表す。親指の先同士をくっつけるほか、合わせる指が変える形で複数の型がある。

説法印

その名のとおり、仏陀が説法をしている様子を表す。仏陀の教えを「法輪」ということから「転法輪印」ともいう。複数の型がある。

来迎印

阿弥陀如来の特有の印相。阿弥陀如来が死者を極楽に導き、迎える様子を表す。親指とほかの指で輪をつくる。

智拳印

密教において至高の存在であり、絶対的な智慧を有するとされる大日如来の特有の印相。右手は仏、左手はあらゆる生命を表す。

降魔印

仏陀が悟りを開こうと修行していた際、邪魔をする魔の存在（煩悩など）を片方の指先で地を指して退けた様子を表し、「触地印」ともいう。

合掌 …… 手の平を合わせること。右手は仏や仏の世界、左手はあらゆる生命や現世を指し、両者が一体になることを表す。

思惟手 …… 93ページの弥勒菩薩像の右手のように、親指と薬指で輪をつくってほおに近づけるなど。人々を救う方法を思案する様を表す。

仏像の楽しみ方②

1体の仏像（本尊）がまつられているほかに、1体の仏像（中尊）の周りに複数の仏像など（脇侍や眷属）が置かれている場合もあります。

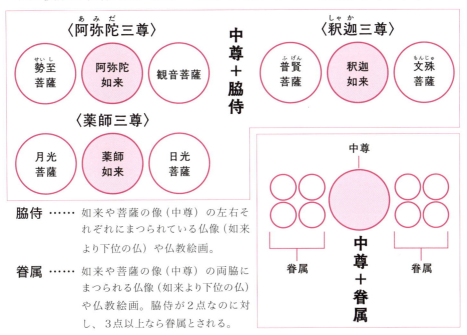

脇侍……如来や菩薩の像（中尊）の左右それぞれにまつられている仏像（如来より下位の仏）や仏教絵画。

眷属……如来や菩薩の像（中尊）の両脇にまつられる仏像（如来より下位の仏）や仏教絵画。脇侍が2点なのに対し、3点以上なら眷属とされる。

主な参考文献

『岩波 仏教辞典 第二版』中村元、田村芳朗、末木文美士、福永光司、今野達 編（岩波書店）
『仏教 第二版』渡辺照宏（岩波新書）
『日本の仏教』渡辺照宏（岩波新書）
『お経の話』渡辺照宏（岩波新書）
『仏教入門』松尾剛次（岩波ジュニア新書）
『日本宗教辞典』村上重良（講談社学術文庫）
『世界宗教辞典』村上重良（講談社学術文庫）
『日本の仏教と神道入門』（綜合図書）
『「神主さん」と「お坊さん」の秘密を楽しむ本』グループSKIT編著・（PHP研究所）
文化庁『宗教年鑑 令和5年版』

※そのほか、各地方自治体、寺院の公式HPなども参考にしています

監修
井上純道（いのうえ・じゅんどう）

1973年、栃木県生まれ。大正大学文学部社会学科（社会学）卒業。佐野百観音・台元寺住職。大学卒業後、比叡山延暦寺にて修行。

1日1テーマ
30日でわかる仏教

2025年3月11日　第1刷発行

監修	井上純道
編集・構成	造事務所
文	奈落一騎
校正	株式会社ぷれす
カバーイラスト	勝倉大和
本文イラスト	みの理
装丁	井上新八
本文デザイン	稲永明日香
編集	畑北斗　曽我彩

発行者	山本周嗣
発行所	株式会社文響社
ホームページ	https://bunkyosha.com/
お問い合わせ	info@bunkyosha.com
印刷・製本	株式会社光邦

本書の全部または一部を無断で複写（コピー）することは、著作権法上の例外を除いて禁じられています。
購入者以外の第三者による本書のいかなる電子複製も一切認められておりません。
定価はカバーに表示してあります。

Printed in Japan ©2025 Bunkyosha
ISBN978-4-86651-908-1